見逃さないで！
子どもの心のSOS

思春期に がんばってる子

スクールカウンセラー
精神科医
明橋大二

1万年堂出版

はじめに

「思春期《ししゅんき》の子どもは皆、同じ不安を抱《いだ》きます。不良といわれる人も例外ではありません。

本人が気づいていないだけで心のどこかに不安があるんです。

自分は必要とされているんだろうか。

自分をありのままに認めてくれるんだろうか。

子どもはどこかで救いを求めているんです。

私たちは、いらない存在なんかじゃないって自分で確信できるほど大人じゃないんです。

私たちの反抗《はんこう》の裏には『助けて！』という救いを求める声が隠《かく》されているんです。

だからおねがい！

私を認めてください！　私を必要としてください！

私を愛してください！」


ある少年事件のあと、このような子どもの投書が新聞に載《の》りました。

いじめ、体罰《たいばつ》、自殺、児童虐待《じどうぎゃくたい》、不登校、引きこもり、あるいは、少年非行、少年犯罪。今も、子どもをめぐる問題が、マスコミに出ない日はありません。

しかしいじめ一つとっても、何度となく悲しい事件が繰り返されていながら、実際の状況は少しも改善されていません。

そして、結局は「今の子どもは、わがままだ」「ひ弱だ」「忍耐力《にんたいりょく》がない」など、子どもの問題にすりかえられて、適切な対応がなされぬまま、同じことが繰り返されていきます。

今の子どもをめぐる問題の根っこは、一言《ひとこと》でいうと、自己肯定感《じここうていかん》の極端《きょくたん》な低さです。

自己肯定感《じここうていかん》の極端《きょくたん》な低さとは、「自分は誰《だれ》からも必要とされていない」「自分は、いらない存在だ」「自分は、存在価値がない」という感覚です。

その背景には、周囲から存在を否定されて、何度も深く傷ついてきた体験があります。

この気持ちのままだと、人間は生きていくことができません。だから、自殺を考えたり、引きこもったり、逆に反撃に出たりするのです。

引きこもりや非行は、「このままじゃ生きていけないよ」という彼らの心の叫びです。

「救いを求める声」と言っているのは、こういう気持ちのことです。

では、どうして、これだけ自己肯定感《じここうていかん》が低くなるのか。

それは、子どもの甘えの否定と、自立（自己主張）の否定によります。

「甘えるな」「わがままだ」。この二つの言葉ほど、子どもによく浴びせられる言葉はありませんが、こういう間違った考え、対応が、今の子どもを追《お》い詰《つ》めている、といっても過言《かごん》ではありません。

思春期《ししゅんき》のさまざまな問題の解決の道を示そうと、平成十四年に『思春期《ししゅんき》にがんばってる子』を出版しましたが、最近も、いじめや体罰《たいばつ》の被害は後を絶《た》たないところから、その後に書いた原稿を追加して、増補改訂版として出すことになりました。

今度こそ、子どもたちの心の叫びを真摯《しんし》に受け止めて、この国の子育て、教育の状況を変えていこうではありませんか。この小著がその一助となることを願います。

見逃さないで！
子どもの心のＳＯＳ
思春期に がんばってる子

もくじ

1章 傷だらけの家に、笑顔が戻るまで

1 「先生、助けてください！
息子が暴れて手がつけられないんです！」 20

2 「子どもが、それだけ暴れるということは、
どこかで本人も苦しんでいるんじゃないですか」 23

3 「息子は、いじめられていることを、
話したくても、きっと、話せなかったんだと思います」 28

4 「暴れる人、というのは、最初から暴力的なわけでなく、
それ以前に、何かの被害に遭っている人が多いんです」 31

5 「どうして、僕ばかり、こんな目に遭うの、
お父さん、お母さん、助けて！
と心の中で叫んでいたに違いありません」 35

6 「一年前の、あのボロボロの、傷だらけの家は、きっと、
あの子の心の中と同じだったんだと思います」 40

2章 子どもの心の成長は、甘え（依存）と反抗（自立）の繰り返し

1 身体の成長は、目で見て分かるが、心の成長は、目で見て分からない。
具合が悪くても、すぐには気づきません 44

2 子どもを自立させるには、どうしたらいいか――。
甘えない人が自立するのではなく、甘えた人が自立するのです 48
・「手がかからない子」「聞き分けのよい子」
というのは、甘え不足の状態です

3 手のひらの中の卵は、きつく握りすぎると壊れてしまいます。
手を広げすぎると、転がって地面に落ちて、
やはり壊れてしまいます。子どもの心も同じです 51
・ほどよい力で、そっと支え続けることが大切

4 思春期になると、依存と自立の行ったり来たりが、とても激しくなる 54
・依存の対象は、親から友達へ
友達から拒否された子どもは、強い不安を持ち、自立が妨げられる

3章 人間が生きていくうえで、甘えは絶対必要なものです。決して「甘えるな」と言ってはならない

1 甘えが満たされる時、「自分は愛される価値のある存在なんだ」と感じます。この土台があって初めて、しつけや学力が身についていきます 58
・「依存症」が大幅に増えているのは、なぜか

2 甘えを放置すると、子どもの心に、強い怒りが生じます。それは、暴力を受けた時の怒りに勝るとも劣りません 65
・甘えたい気持ちを心の中から締め出すと、子どもは無表情になります。心のトラブルの始まりです
・スキンシップが苦手でも、自分を責めることはありません
・ちゃんと話を聴くと、甘えが満たされ、安心します

3 思春期は、友達関係で、さまざまに裏切られ、傷つきます。子どもが本当に助けを求めてきたら、しっかり受け止めてやってほしい 70
・自分が甘えられなかったから、「おまえも甘えるな」は、間違っています

4 子どもの心身症を診ていると、祖父母から親、親から子への、八つ当たりの連鎖が原因になっていることが、よくあります 76

4章 子どもを、自立させるには。思春期に反抗や批判をしてくるのは、「自立」がうまくいっている証拠です

1 反抗は自立のサイン。
小さい頃の遊びやイタズラは自立心を育てます 80

2 子どもの話をしっかり聴く。
親にとって都合の悪いことでも、正しいことは、ちゃんと認める。
そうすると、自己主張できる子に育っていく 83

3 ちゃんと育ててきたから反抗するようになったのです。
医者から見ると、思春期に反抗しない子のほうが心配です 87
・子どもに自信を持たせるためには、親が、先回りして、
手を出したり、口を出したりしない。失敗しても、否定しないこと

4 子どもの権利条約って何？
一言でいうと、子どものペースで甘えたり、
自立したりすることを、保障します、ということ 91
・自己中心的になるのは、権利の使い方を教えていないから

5章 思春期の子どもとの接し方
「どうせ親に話しても無駄だから」と言われないために

1 揺れ動く、子どもを認めて、付き合う。
「分かったよ」と言って、ついていく。
「好きな所へ行けば」と、見放さない 96

2 親が肩の力を抜くと、親が楽になります。
親が楽になると、子どもも楽になります 99

3 子どもたちはよく、「親は、してほしくないことばかりする。
本当にしてほしいことは、ちっともしてくれない」と言います 101
・いったん信用を失ったら、もう子どもは、親を当てにしなくなります

4 思春期になると、子どもがほめてほしいことと、
親がほめたいことがズレてくる 105
・「ありがとう」というほめ言葉は、思春期の子にこそ、必要な言葉
十代の子どもに接する十カ条 110

6章 子どもが精神的に疲れて、心配な行動や症状を出してきたら……

1 不登校や引きこもり 112
本人の回復に必要なのは、周囲の人が、子どものつらさに共感すること
・なぜ、こうなったのか。その原因を、一つのストーリーとして把握する
・「ここまで生きてきただけでも大変だったんだな」
周りが、現状を受け入れれば、本人はかなり楽になる
・すでに傷ついている子を、もうこれ以上傷つけない
・相手の心を傷つける、最たるものは、言葉
・傷ついている人や疲れている人への禁句
「もっとがんばれ」「甘えるな」「それは逃げだ」「気の持ちようだ」……

2 ある不登校生の体験談 119
いじめや、学校へ行けないつらさ、
心の傷からどうして立ち直ることができたのか
・僕は先生に何度も助けを求めた
・もう笑うことも、泣くこともできない……

・学校に行きたくても、行けなかった日々
・お母さんへ
・自分で死ななくちゃならない世の中でなくなりますように

3 不登校、引きこもりへの対応
本人は「病気じゃない」と言いますが、
それは間違いではありません 136
①家族全員が、本人の現状を、百パーセント認める
②子どもに、こちらから声をかけていく。
ちょっとしたことでも「ありがとう」と言っていく
③子どもから話をしてきたら、一切、否定せずに聴く
④今後のことは、あくまで本人の選択に任せる。親から指示、提案はしない

4 不登校は、「心のサーモスタット」が切れた状態。
これ以上、心が壊れるのを防ぐための、自然な、正常な反応です 147

7章 いじめられている人は、ものすごくつらい中でも、必死に耐えている、本当にりっぱな人です

1 「いじめられるおまえも悪いんだ」
「おまえも言い返さないから悪い」とは、絶対に言ってはなりません 152
・いじめが解決しない場合、
学校へ行かない、転校することも、一つの選択肢です

2 いじめという暴力は、被害者の心を深く傷つけ、
他の人に相談しようとする力まで奪ってしまう 156
・子どもが「いじめ」に遭って、
悪循環に陥らないために、親や周囲が心がけておくとよいこと

3 いじめは、子どもの安全に関わる重要な問題。
学校全体で真剣に取り組み、
十分なサポート体制をとる必要があります 162
・文部科学省、教育委員会の「いじめ対応」の問題点
(1) いじめの統計が実態を把握していない
(2) いじめ対策の周知が不十分

(3) 教員だけで抱え込むケースが多い
(4) 加害者へのケアが抜け落ちている
(5) 当事者の子どもに、「いじめ対応マニュアル」が知らされていない
・いじめについての対応は、
学校が、授業を一日や二日つぶしてでも、やる価値がある
4 生徒同士の対人関係トラブル。
その背景には、家庭での苦しみが原因になっていることがある 170

8章 体罰は、なぜいけないのか
大人の認識が甘すぎる

1 大阪市立桜宮高校で、体罰を受けたあと、生徒が自殺した事件が示すもの 176
2 体罰が、子どもの心の成長に
悪影響があることは、ハッキリ結論が出ています 178
・女子柔道の選手が、監督の体罰を告発したのは、
身体の苦痛ではなく、心が深く傷ついたから

3 家庭における体罰も、法律で禁止すべきです。
「しつけのための体罰」と称しても、
親の感情が入り、虐待につながっていく 182

最後に――

お母さんは、おまえのことが大好きだよ。
たとえ学校へ行かなくても、おまえは、とってもいい奴だよ 185

Q&A

相談に来られるみなさんから、
こういう質問をよく受けます

Q01 子育てに、全く自信がありません 192
Q02 子どもが「うるさい」などと反抗するようになりました 194
Q03 指示や命令でなく、子どもを方向づける方法は？ 196
Q04 友達のような親子関係は、よくないでしょうか？ 198
Q05 不登校の子どもを見守る心得を教えてください 200
Q06 不登校の子どもが、将来、社会に出られるか心配です 202
Q07 いじめがあった時、子どもをどう励ましたらいいでしょうか 205

Q&A

Q08 少年野球で、友達から暴力を振るわれているようです 207
Q09 娘がガラの悪い友達と付き合い、外泊を繰り返しています 210
Q10 子どもが、また家出をするのでは……と不安です 216
Q11 口べたの息子の会話能力を高めるには? 221
Q12 息子が、発達障害の疑いがあると言われました 223
Q13 思春期の、父親の役割を教えてください 228
Q14 子どもを、どこまで信じてやればいいのでしょうか 232
Q15 親に黙って、姑からお金を借りていたようです 234
Q16 子どもが、お金の要求ばかりしてきます 237
Q17 息子は人前に出るのが苦手で、学校も欠席しがちです 239
Q18 自傷行為を繰り返す子どもに、何もしてやれません 242
Q19 高校入試に落ちても、全然こたえていないようです 244
Q20 近所に、様子が気になる子どもを見かけます 246
Q21 子育てで、これだけは忘れてはいけない、ということは? 248

思春期の子どもからの質問

——Q22 高校受験に失敗してしまい、落ち込んでいます 250

Q23 彼のことで頭がいっぱいで、勉強も手につきません 252
Q24 親友にだまされて、がっかりしました 254
Q25 なかなか勉強の意欲がわいてきません 256
Q26 自分がこうなったのは親のせいでは？と思うことがあります 258

コラム
「やっぱり自分はいらない人間なんだ」という気持ちが、子どもを非行に走らせる 63
それは0（ゼロ）じゃない 226

付録 ▼後ろから始まります

◎緊急メッセージ◎
自分らしく、成長していけばいい
いじめにあって、自殺を考えている君へ 02

◎子どもたちを元気にする◎
みんなで、手を携えて、すべての子どもたちに愛を
「いじめ対応マニュアル」と「それを支える考え」 04

1章

傷だらけの家に、笑顔が戻るまで

①

「先生、助けてください！息子が暴れて手がつけられないんです！」

午前の診察を終えて、ほっと一息ついている時、手元の電話が鳴《な》りました。先日、相談に来られたお母さんの、緊迫《きんぱく》した声が飛び込んできました。

「先生、助けてください！　うちの息子が暴《あば》れて手がつけられないんです！　私も殴《なぐ》られています。先生、今すぐ来てください！　痛い、痛い、やめなさい！　先生……」

途中で、ガチャリと誰《だれ》かの手によって、電話は切られました。

先日の相談の内容は、中学二年の長男の家庭内暴力でした。中学一年の秋から、不登校が始まり、冬になって完全に引きこもり状態になりました。中二の春頃《ごろ》から、家庭内暴力が始まり、初めは、物に当たる程度でしたが、次第《しだい》にエスカレートし、大きな家具を壊《こわ》したり、壁に穴をあけたりするようになりました。

ついには、母親にも暴力を振《ふ》るうようになり、母親を奴隷《どれい》のように使っては、金品を要求する。母親が断ると、殴《なぐ》る蹴《け》るの暴力を加えました。父親が止めに入ると、一層逆上して、手がつけられない状態になるため、手が出せない。そういう状態が、ここ一カ月続いている、というのです。

かなり重いケースだとは思いましたが、とにかく、親御《おやご》さんの相談だけでも続けましょう、と次回の予約を取って初回の診察は終わったのでした。

普通の家庭内暴力では、親に重傷を負《お》わせることは少なく、様子を見ていると収《おさ》まることが多いです。ただその日は、別の往診《おうしん》の予定もあったため、とりあえず、見に行くことにしました。

その家は、二階建ての一戸建てで、呼《よ》び鈴《りん》を押すと、お母さんがすぐ出てきました。

「先生、申し訳ありません。警察を呼んだら、息子は、どこかへ逃げていきました」

とにかく、家の中の様子だけでも見てほしい、と中に通されました。

家の中は、とにかく凄《すさ》まじいの一語に尽きました。

窓ガラスはすべて割《わ》られ、床《ゆか》にガラスが飛び散っています。食器棚は倒され、テーブルはひっくり返り、昼食の中身が、床《ゆか》に散乱しています。壁には無数の穴があき、椅子《いす》は、ドアに突《つ》き刺《さ》さっていました。お母さんの身体《からだ》にも、あちこち青あざができていました。

「おそらく、夜までには、本人は帰ってくると思いますが、その時には、すでに落ち着いていると思います。家を破壊されるのは、今はやむをえません。しかし、お母さんに、今後も暴力が続くようなら、お母さんとの分離を図《はか》ります。また何かあったら、連絡を下さい」

と伝えて、その家を辞しました。

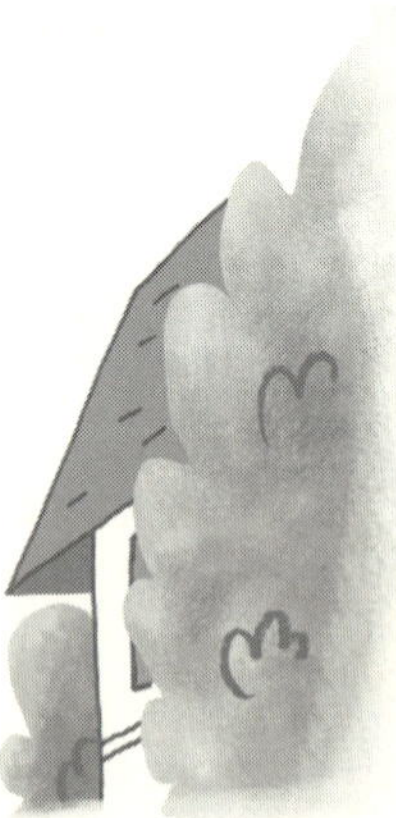

2

「子どもが、それだけ暴れるということは、どこかで本人も苦しんでいるんじゃないですか」

次の週、お母さんは時間通りに来られました。あのあとは、予想通り、夜には、本人は何事もなかったように帰宅し、その後は、母親に命令して動かすことは相変わらずだが、ひどく暴《あば》れることはない、とのことでした。

先日の出来事は、昼《ひる》ご飯《はん》がきっかけでした。

おかずの内容が、彼の気に入らなかったらしく、「こんなまずいもん、食えるか」と言いました。

母親も、いつもは黙っているのですが、この時は、ついカッとなって、「そんなにまずいなら、食べなきゃいいでしょう！」と言ってしまった。そうすると、「何をー！　おまえにそんなこと言う権利あるのかー！」と言って、いきなり暴《あば》れだした、というのです。

いつもは、ご飯《はん》をひっくり返すくらいで終わるのですが、この時は止まらず、家中のガラスを割《わ》りだすので、ついつい止めようとしたら、今度は母親に向かってきたので、怖《こわ》くなって、電話してきた、ということでした。

お母さんは、涙ながらに言われました。

「もう私限界です。あんなわがままな子ないです。自分の要求ばかり通そうとして、ちょっと言うこと聞かなかったら、すぐ暴《あば》れるし。普通にしている時もあるんですが、いったんキレたら、目つきも変わるんです。もう耐《た》えられません。どこか、あの子を入院させてもらえないでしょうか。鍵《かぎ》でもかけて、当分の間、閉じこめてやってほしいんです」

お母さんが大変なことはよく分かりました、でも、本人がそれだけ暴《あば》れる、ということは、どこかで本人も苦しんでいるんじゃないですか。

「そうですね、時々、包丁を持ち出して、俺《おれ》を殺してくれ！と言うことがあります。俺《おれ》なんか生きててもしかたないんや、と大声で泣いていることもあります」

「あの子の気持ちも分かるんです」

しばらく黙ったあと、お母さんは、話しだされました。

彼は、小学五年までは、成績も比較的優秀で、クラス委員もつとめたことがありました。しかし、五年の終わりくらいから、友達の間で、次第《しだい》に孤立《こりつ》していったのです。どちらかというと堅《かた》いタイプで、正論しか言わないところが、友人から煙《けむ》たがられたのかもしれません。

次第《しだい》に、いじめのターゲットとなり、下足箱の靴《くつ》に、押しピンを入れられたり、机の中に「死ね」と書かれたメモが入っていたりするようになりました。いじめは次第《しだい》にエスカレートし、放課後《ほうかご》、取り囲まれて、小突《こづ》かれたり、金を要求されるようになりました。断ると、さらに暴力を加えられました。

一度、先生に訴えたのですが、先生は、全員の前で、「彼をいじめている者がいるらしいが、自覚のある者、手を挙げて」と言いました。当然、誰《だれ》も手を挙げません。

「では、いじめを目撃《もくげき》したことのある者、手を挙げて」

当然、また誰《だれ》も手を挙げません。

「そんなはずはないだろう。いじめは、絶対ダメだ。今後、いじめを目撃《もくげき》したら、私に報告するように」

注意はそれで終わりました。

その後、直接的な暴力はなくなりましたが、徹底した無視が始まりました。グループ分けの時には、いつも彼は一人取り残されました。先生が、彼を入れてやるように、と言うと、露骨《ろこつ》に嫌《いや》な顔をされました。他のグループの子たちは、声をたてて笑いました。

中学校になったら、他の学校の子も来る、と、かすかな希望を持って入学した中学でしたが、その期待は、たちまち打《う》ち砕《くだ》かれました。あの子は、今までの学校でいじめられていた子だ、という情報が伝わり、他の小学校の生徒からも、無視されるようになったのです。誰《だれ》に話しかけても、「クサい、近寄らんといて」と逃げていかれました。彼が学校に行かなくなったのは、それから間もなくのことでした。

しかも、両親がこのことを知ったのは、彼が、学校へ行かなくなってからのことでした。彼は、このことを一切、親には話していなかったのです。

「今も、あの子は、学校に行けないことを、とても気にしているんです。だからよけいにつらいんだと思います。そのつらさを、私に八《や》つ当《あ》たりしているんだと思います」

とお母さんは言われました。

「いじめに耐《た》えに耐《た》えて、ついに学校に行けなくなったのに、まだ、学校に行かなきゃ、と思ってるんですね。本当はまじめな子なんですね」

と言うと、お母さんは、そうなんです、と涙をこぼしました。

「でも、本当は、私も悪いんです」

しばらく沈黙のあと、お母さんは、さらに話しだしました。

③

「息子は、いじめられていることを、話したくても、きっと、話せなかったんだと思います」

彼が生まれたあと、三年後に、弟が生まれました。最初はお母さんは、パートの仕事で、夕方には家に帰っていたのですが、弟が小学校に上がると同時に、フルタイムの仕事に就きました。

企業の広報誌を編集する仕事だったのですが、次第《しだい》に能力を認められ、やがて、課長に抜擢《ばってき》されました。仕事が面白《おもしろ》くなり、締《し》め切《き》りに追われる日もあり、次第《しだい》に帰りが遅くなりました。

子どもが五年生になる頃《ころ》には、子どもの晩《ばん》ご飯《はん》の支度《したく》は、ほとんどおばあさんに任《まか》せきりで、帰りはいつも八時、九時。せめて、ご飯《はん》の後片付けだけでも、と帰ったらすぐに流し台に立ち、子どもたちが寝《ね》る時に、「おやすみ」と言うのが、せめてもの子どもとの触《ふ》れ合《あ》いでした。

「いじめのこと、話したくても、きっと話せなかったんだと思います。たまに学校のことを言ってくることありましたが、こっちも、仕事のことで頭がいっぱいで」

下の子は、それでも、だだをこねてくるので、相手をしていましたが、上の子は、手のかからない子で、もうお兄ちゃんだし、何も問題ないだろう、と思い込んでいた、ということでした。

実は、彼は、小学校六年の時に、朝、時々、頭痛を訴えていた時期がありました。しかし、いくら病院で検査をしても異常なしという結果で、それでも、彼は、痛い痛い、としつこく訴えるため、仮病じゃないの、と逆に叱《しか》られていたのでした。

「お父さんは、その時、どうおっしゃっていたんですか」

「夫ですか」

お母さんは、ふっと自嘲《じちょう》するように言われました。

「夫は、全く家のことは関知していませんから」

お父さんは、大手のスーパーの支店長として、毎日忙しい日を送っていました。帰りも遅く、日曜日も仕事で、家には寝《ね》に帰るだけ。上の子が、六年の時、頭痛が続いていることを、お母さんは一応《いちおう》相談したのですが、「気のせいだろう。ほっておけばそのうち治るよ」と、まともに取り合ってくれませんでした。

どうせ、この人に相談しても、と思ったお母さんは、その後、一切、子どものことを話すことはなくなりました。それだけでなく、夫婦の会話も、最近はほとんどなくなっていたと言います。

「お母さんも、一度は、心配してお父さんに相談されたんですね。でも、お父さんが心配ないよ、と言われたので、それ以上、話せなくなったんですね」

「では、一度、お父さんにも、来ていただきましょう」

私はお母さんに伝えました。

④

「暴れる人、というのは、最初から暴力的なわけでなく、それ以前に、何かの被害に遭っている人が多いんです」

三日後、お父さんがお母さんと一緒《いっしょ》に、夜、病院に来ました。開口一番、

「先生、あいつ、もう病院に叩《たた》き込《こ》んでください。完全に気が狂《くる》ってるとしか思えません」。

昨日も、お母さんを小突《こづ》いているところを、お父さんがたまたま早く帰って発見しました。

「いいかげんにしろ！」

お父さんも思わずキレて、つかみあいになり、たちまちお父さんは本人の上に馬乗りになりました。しかしお父さんの逆上は収《おさ》まらず、本人の顔を何発も殴《なぐ》りました。お父さんが手を放すと本人は何も言わず二階に上がりました。お父さんが服を直していると、背後

から、叫び声が聞こえました。

「てめー！　ぶっ殺してやる！」

金属バットを持った本人が、立っていました。

「お父さん、もうやめて！　外へ逃げて！」

お母さんが必死でお父さんを止め、お父さんもしぶしぶ外へ出ました。そのあとも彼は、怒りが収《おさ》まらず、バットで、家中の家具を壊《こわ》して回りました。ものすごい音が、一時間余り、家の外まで聞こえました。


「母親も限界です。毎日、本人から責められて。どこか、入院させるところ、ありませんか」

「お母さんが限界なのは、よく分かりますので、母子の分離を図《はか》ります。お母さんは、当分、家を出てください。そして、一日一回、本人に電話を入れる、そして、居場所《いばしょ》は伏《ふ》せて、暴力を振《ふ》るわないと約束するまでは、家には帰らない、と伝えてください。

お父さんは、なるべく本人と顔を合わせないで、刺激しないようにしてください。強制入院は、後々、事態をかえって悪化させるので、原則として行いません」

お父さんは、不満そうでしたが、ようやく納得《なっとく》されました。

「ところで、どうして彼は、こんなに暴《あば》れるんでしょう。暴《あば》れる人、というのは、最初から暴力的なわけでなく、それ以前に、何かの被害に遭《あ》っている人が多いんですが」

「それは、やっぱり学校のいじめでしょう」

「そうですね。それは大きいと思います。それ以外にはないですか」

「確かに私も、家のことは、家内に任《まか》せっきりで、あいつにかまってやれないことが多かったです。でもそれって、どこでもあることでしょう。私も、一家を養っていかないといけないんだから、そうそう甘いことも言っておれないんです」

「お父さんも、家族のために、必死で働いておられたんですね」

「そうですよ。私も必死なんです。店の売り上げも減っているし、こう言っちゃ何ですが、子どもどころではないんです」

「大変ですね。そんな状況が何年も続いてるんですか」

「そうです。いつも、帰りは、午前様です。

まあ、付き合いもありますけど。家に帰っても、あんまりゆっくりできないし」

「それは、どういうことですか」

「それは……」

お父さんは、急に、黙り込みました。

それまで、下を向いていたお母さんが、お父さんの顔をじっと見つめました。

「うちには、私の両親が同居しているんですが……」

やがて、お父さんは、重い口を開きました。

5
「どうして、僕ばかり、こんな目に遭うの、お父さん、お母さん、助けて！と心の中で叫んでいたに違いありません」

この家には、お父さんの両親が同居していました。本人にとっては、おじいさん、おばあさんです。

ところが、このおじいさんが、大変厳格でワンマンな人で、今でも家の実権を握《にぎ》っているような人でした。若い時は、何かあると、カッとして、奥さんや子どもに暴力を振《ふ》るいました。

父親は、こんなおじいさんの下で育ち、中学生になった頃《ころ》から、おじいさんとは、ほとんど口をきかなくなりました。長男という立場上、家を継《つ》ぐことになりましたが、おじいさんとは、今も会えば口げんかになるので、なるべく顔を合わせないようにしていたのです。おじいさんは、それが面白《おもしろ》くなく、何かあるたびに、長男があんなに反抗的《はんこうてき》になったのは、おまえが甘やかして育てたせいだ、とおばあさんをなじりました。

そして、孫が生まれると、今度は、嫁《よめ》の育児に干渉《かんしょう》し、子どもは甘やかしてはいかん、小さい時に厳しく育てないと、大きくなってから、わがままな子になる、と、ことあるたびに、母親に注意していました。子どもが泣いて、お母さんに甘えようとしても、おじいさんが怖《こわ》い顔でにらむので、抱《だ》き上《あ》げたりせず、そのまま放置《ほうち》して、泣きやむのを待ちました。

やがて、この子も小学校に入りましたが、聞き分けがよく、よくお手伝いをするので、おじいさんは、「あれ持ってきてくれ」「これ届けてきてくれ」と、小間使《こまづか》いのように使いました。下の弟は、すぐ「嫌《いや》だ」と言うので、おじいさんはもっぱら、長男を当てにして、本人も不平も言わず、言われるがまま走り回っていました。

おじいさんは、子どもの成績にもこだわり、テストや運動会のあとは、一時間以上も、説教するのが常でした。口癖《くちぐせ》は、「男は、こうでないといかん」「おまえ、それでも男か！」「こんな成績じゃ、おちこぼれだぞ」。本人も、ひたすら黙って聞いていました。最初は、親やおばあさんも止めようとしましたが、「何だー！」と大声で怒鳴《どな》るので、それ以上、何も言えませんでした。

やがて、お父さんお母さんは、子どものことは、祖父母に任《まか》せ、仕事に生きがいを見いだすようになっていったのです。

後に、お父さんが、言われたことがあります。

「私たちが、外で、仕事をしている間に、あいつが、おじいさんの奴隷《どれい》になって、独《ひと》りで耐《た》えていたんです。いじめのことも、おじいさんだったら、逆に、おまえが弱いからだ、と叱《しか》られると思って、言えなかったに違いないです。

まるで、あいつを奴隷《どれい》として売り渡したようなものですね、私たち……」

人を奴隷《どれい》のように使う人は、自分自身が、以前に、そのような扱《あつか》いを受けてきた人です。

いくら聞き分けのよい子であっても、言われるままの使い走りはつらいです。

どこかで、どうして、僕《ぼく》ばかり、こんな目に遭《あ》うのか、お父さん、お母さん、助けて、と心の中で叫んでいたに違いありません。

今は、お父さんお母さん、しっかり本人と向き合ってほしいこと、そして一度、おじいさん、おばあさんにもお話を伺《うかが》いたい、と伝えて、その日の面接は終わりました。

数日後、おばあさんが、来院しました。おじいさんは、声をかけたが、どうしてわしが行かんといかんのか、と拒否したそうです。

今までのいきさつを説明したうえで、おばあさんの考えを聞きました。

「あの子が、一番の犠牲者《ぎせいしゃ》なんです。私ら、こうなることは、前から分かっていたんですが、止められなかった。あの子には悪いことをしたと思ってます」

おばあさんは、すべてを理解しておられるようでした。

「でも、おじいさん、どうしてああなんでしょうね……」

おばあさんに尋ねると、ゆっくりうなずいて、話しだされました。

「あの人も、いろいろ苦労してきた人でね……」

おじいさんは、六人兄弟の一番上でしたが、母親は病弱で、おじいさんの七歳の時に、亡くなりました。その後は、おじいさんが、母親のかわりに下の子どもたちの面倒《めんどう》を見ていましたが、自分が小学校を出たくらいの時に、戦争が始まり、父親は間もなく、インドシナの方《ほう》に出征《しゅっせい》して、そのまま帰ってきませんでした。

その後、戦争が進むにつれて、物資は不足し、食糧《しょくりょう》はなくなる。父も母もいない、親戚《しんせき》も誰《だれ》も助けてくれない中で、おじいさんは、たった一人でほうぼう走り回って、食糧《しょくりょう》をかき集め、何とか弟妹たちを食べさせていたのでした。時には配給の米を持って帰る途中に、大人に突《つ》き飛《と》ばされて、まるまる盗《と》られたことも何度かあったといいます。

「だから、他人は信用するな、が、口癖《くちぐせ》でね。

自分が苦労してきたもんだから、人が甘えてるのが許せないんだね。自分は、こんなに苦労してきたから、強くなれたんだって、よく言うんですよ」

おばあさんは、微笑《ほほえ》みながら、言われました。

⑥

「一年前の、あのボロボロの、傷だらけの家は、きっと、あの子の心の中と同じだったんだと思います」

その後、お父さんは、おじいさんに話をし、今まで、家のことほったらかしで、子どものことも、任《まか》せきりで申し訳なかったこと、しかし、おじいさんおばあさんのおかげで、息子もここまで大きくなって、心から感謝していることを伝えました。

しかし、息子も今は思春期《ししゅんき》で難しい時期に入っており、医者の話では、親が力を合わせて子どもに向き合う必要があること、自分も、今後は、できるだけ家にいる時間を増やすつもりなので、おじいさんは、当面は、直接、子どもに声をかけることは控《ひか》えて、親に任《まか》せて見守ってほしい、と伝えました。

おじいさんも、孫の様子には心を痛めていましたので、医者がそのように言うのなら、そのようにしよう、と理解してくれました。

その後、お父さんは、仕事は相変わらず忙しいものの、休みの日は、子どもを連れて、ドライブや釣《つ》りなど、外に出かけるようになりました。

母親は、予定通り、いったん家を出て、アパートを借り、そこから、子どもに毎日電話を入れました。子どもは、最初は、母親が家を出たことに、ものすごく怒り、電話のたびに、「てめー、覚えてろよ！　今度、顔見たら今度こそ、ぶっ殺してやる！」などと言っていましたが、一カ月、二カ月たつうちに、電話でもあまり怒らなくなり、普通に会話ができるようになりました。

家で暴《あば》れることも時にはありましたが、次第《しだい》にそれも少なくなり、四カ月めで、母親も家に戻《もど》ることができました。その後、母親も、できることはできる、どうしてもできないことはできない、と伝えて、本人も少しずつ言うことを聞くようになり、穏《おだ》やかになってきました。

両親は、継続《けいぞく》して相談に通い、約一年経過して、ほぼ、家庭内暴力は収《おさ》まり、家で普通に会話ができるようになりました。そして、進路について、初めて、自分は高校に行きたい、と言いだし、通信制の高校に通うことになりました。

お父さんは、おじいさんとも、努めて話をするようにし、今までは、夕食も別々でしたが、週に何日かは、一緒《いっしょ》に夕食を取るようにしました。

お父さんと一緒《いっしょ》に、晩酌《ばんしゃく》している時のおじいさんは、どこかうれしそうで、おじいさんも、以前のように、暴言を浴びせたりすることはなくなってきました。

一年たって、あれだけすさんでいた家の雰囲気《ふんいき》は、随分《ずいぶん》と変わり、家庭に久しぶりに笑顔が戻《もど》りました。

最後にお母さんが言われたことがあります。

「一年前の、あのボロボロの、傷だらけの家は、きっと、あの子の心の中と同じだったんだと思います。あの子だけじゃない、家族みんなの心だったのかもしれません。それを、あの子が、目に見える形で教えてくれたんです」

2章

子どもの心の成長は、甘え（依存）と反抗（自立）の繰り返し

① 身体の成長は、目で見て分かるが、心の成長は、目で見て分からない。具合が悪くても、すぐには気づきません

さて、第一章のケースを通して、考えてみたいと思いますが、その前に、子どもの心の成長は、どういう過程をたどるか、という基本的な話をします。

身体《からだ》の成長は、目で見て分かりますし、具合が悪くなったら、熱が出たり、食欲がなくなったりしますから、分かりやすいです。子育て教室でも、くわしく教えてもらえます。でも、心の成長は、目で見ても分からないし、具合が悪くても、すぐには気づきません。あまり、心の成長、心の育て方については、教えられてこなかったのが現状ではないでしょうか。

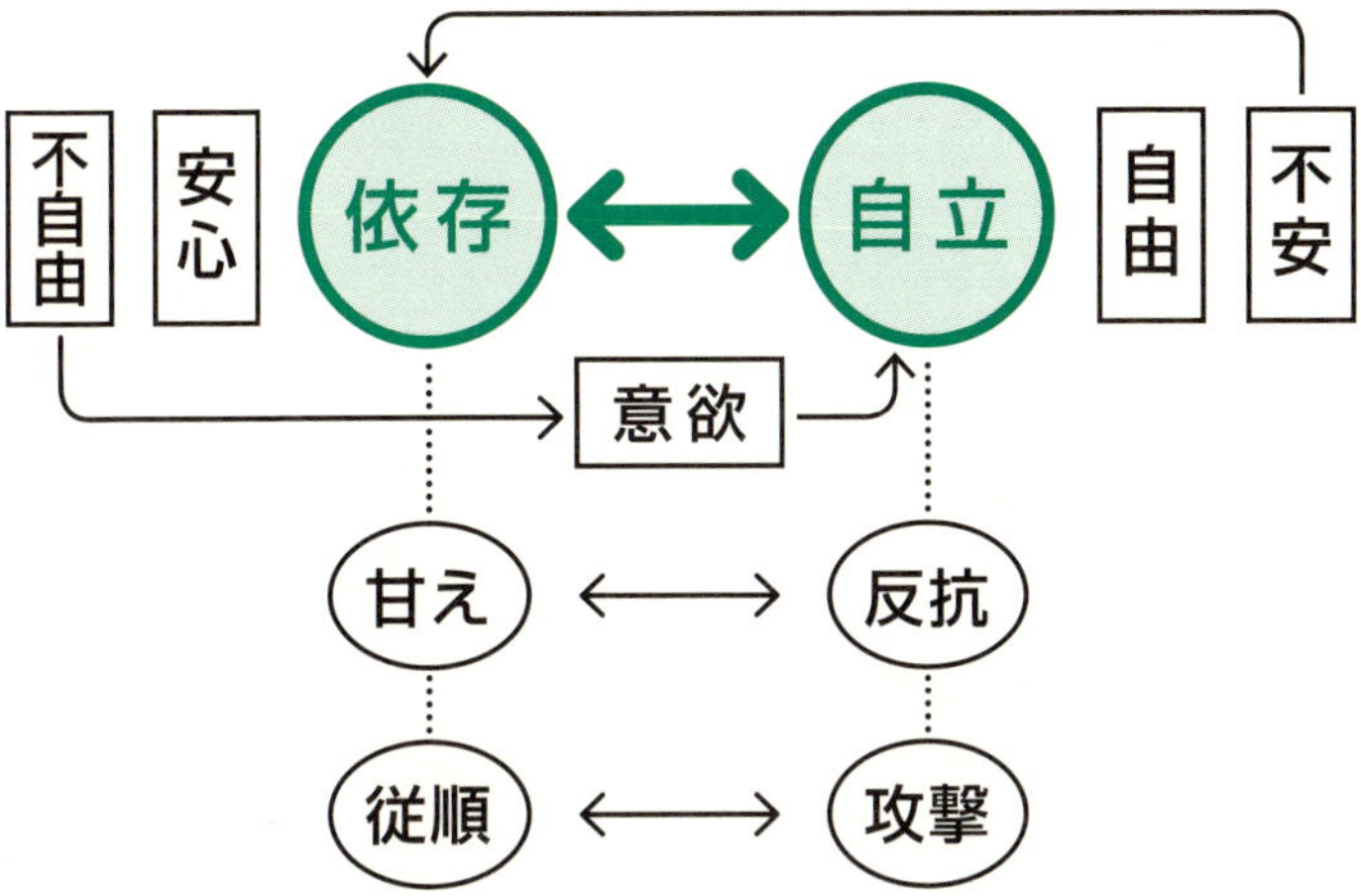

子どもの心は、どのように成長していくか。

一言《ひとこと》でいうと、依存《いぞん》と自立の繰り返しです。

依存《いぞん》とは、言葉を換えると、甘えです。自立、とは、言葉を換えると、反抗《はんこう》、といえます。

依存《いぞん》とは、従順、と言い換えられるでしょう。親の言うことを素直に聞く、ということです。それに対して、自立とは、攻撃《こうげき》、といえます。親の言うことに、批判や、攻撃《こうげき》を加えてくるのです。

依存《いぞん》したり自立したり、甘えたり反抗《はんこう》したり、素直だったり攻撃《こうげき》してきたり、この二つの間を行ったり来たりしながら、次第《しだい》に自立に向かっていくのが、子どもの心です。

ですから、よく第一反抗期《だいいちはんこうき》（一歳半～三歳）、第二反抗期《だいにはんこうき》（思春期《ししゅんき》）などというと、大きくなるまでに、反抗期《はんこうき》は、二回しかないのか、と思いますが、実際はそうではなく、甘えと反抗《はんこう》の間を、無数に行ったり来たりしながら、成長するのが、子どもの心です。

そこで、どうして、行ったり来たりするのか、ということですが、まず、子どもは、最初は、赤ちゃんの時、親に完全に依存《いぞん》した状態で生まれます。そこで、子どもは、何を得《え》るかというと、安心です。十分、依存《いぞん》することによって、子どもの心は、安心感をもらうのです。

そこで、十分な安心感をもらうと、そのうちに、子どもの心に、もう一つの気持ちが出てきます。それは、不自由です。この完全に依存《いぞん》している状態は、安心ではあるが、それと同時に、いちいちお母さんに世話してもらわないといけない、不自由な世界なのです。十分な安心感を得《え》た子どもは、次第《しだい》に、縛《しば》られている、と感じ、自分で何でもやりたくなります。

これが、意欲です。意欲が出てくる源《みなもと》は、安心感です。

意欲が出た子どもは、自立に向かいます。「自分でやる！」と言いだします。そして出た自立の世界は、文字通り、自由な世界です。そこで、子どもは、しばらく自由を満喫《まんきつ》します。

ところが、自立した子どもの心には、やがてもう一つの気持ちが生まれてきます。それは、不安です。誰《だれ》も頼る人がない、何でも自分でしないといけない。

自立した世界は、自由ではあるけれど、不安な世界なのです。そこで、あまり不安が強くなってくると、子どもは安心を求めて、「お母さ～ん」と、依存《いぞん》の状態に戻《もど》ってくるのです。

そこで、また、十分な安心感をもらう。そうすると、また不自由になってきて、「自分でやる！」と言いだして、自立に向かう。そこでしばらくは、自由を楽しむのですが、そのうち、また不安になってきて、「お母さ～ん」と言って、依存《いぞん》に舞《ま》い戻《もど》ってくる。この繰り返しなのです。これを繰り返しながら、次第《しだい》に、自信をつけ、自立に向かっていくのです。

②

子どもを自立させるには、どうしたらいいか——。甘えない人が自立するのではなく、甘えた人が自立するのです

ここで、大切なことは、この依存《いぞん》と自立の行ったり来たりが、あくまで、子どものペースでなければならない、ということです。

子どもが、「お母さ〜ん」と頼ってきたら、「よしよし」と受け入れる。「自分でやる」と言ったら、「じゃあ、やってごらん」とやらせてみる。

ところが、実際は、これが子どものペースでなくて、親の都合《つごう》で、なっていることが多いのです。

「お母さ〜ん」と来ると（また、親が忙しい時に限って、こう言ってくるのです）、「あん

た、もう六年生でしょう！　そのくらい、自分で考えなさい！」と、突《つ》き放《はな》してしまう。ところが、「自分でやる」と言うと、「あんた、まだ小学生なのに、できるはずないでしょう」と否定する。

　つまり、親が忙しい、という理由で無理な自立を強《し》いたり、親のほうが不安だという理由で、子どもの自立を止めてしまう。

　親も人間ですから、ある程度はしかたありませんが、これが続くとなると、子どもの安心感も、自立心も育たなくなります。

　あくまで、子どものペースで、依存《いぞん》したり、自立したりすることが大切で、親はそれに付き合う、ということです。

　よく、子どもを自立させるには、どうしたらよいか、と聞かれます。多くの人は、自立の反対は、甘えだから、自立させるには、甘えさせないことだ、と思っておられます。

　しかし、自立しよう、という意欲のもとになるのは、安心感です。安心感は、どこから培《つちか》われるか、というと、甘えです。ですから、甘えない人が自立するのでなく、甘えた人が自立するのです。

●「手がかからない子」「聞き分けのよい子」というのは、甘え不足の状態です

実際、自立につまずく人を見ていると、幼少期に、十分な甘えを経験できなかった子どもが多いです。手のかからない子だった、聞き分けのよい子だった、だだをこねたりすねたりしなかった、という表現は、すべて、甘えが不足する状態を表しています。

ですから、自立につまずいた人が、立ち直る時に、何がまず必要か、というと、安心感です。安心感は、安全な場所で、依存《いぞん》することで養われます。ですから、彼らは、家に引きこもるのです。それを、甘えるな、というのは、傷口に塩を擦《す》り込《こ》んでいるようなもので、立ち直りをよけい遅らせます。

また、いったん自立した人が、挫折《ざせつ》を経験して、家に帰ってこようとする時に、「おまえの居場所《いばしょ》は、もうここにはない」「いったん、家を出た者は、二度と帰ってくるな」と言うべきではありません。もちろん、場合によって、心を鬼にして言わねばならない時もありますが、いざとなった時に、自分を支えてくれる場所がある、という安心感は、自立には、とても大切なものです。

3 手のひらの中の卵は、きつく握りすぎると壊れてしまいます。手を広げすぎると、転がって地面に落ちて、やはり壊れてしまいます。子どもの心も同じです

ですから、心を育てるうえで、大切なことは、この子どものペースで、依存《いぞん》したり、自立したり、甘えたり、反抗《はんこう》したり、ということを、認めることです。

これ以外には、必要ありません。これさえやれば、心の子育ては、十分です。ですから、親御《おやご》さんには、このことだけ、知っておいてください、と言っています。

逆にいえば、子どもの依存《いぞん》を受け入れない関《かか》わり、子どもの自立を否定する関《かか》わりにならなければ、大丈夫《だいじょうぶ》だ、ということです。

子どもの依存《いぞん》を受け入れない関《かか》わりの極端《きょくたん》な形を、放任《ほうにん》とか、ネグレクト（放置《ほうち》）、あるいは無関心といいます。子どもを突《つ》き放《はな》す関《かか》わりです。

逆に、子どもの自立を否定する関《かか》わりを、過保護《かほご》、過干渉《かかんしょう》、あるいは、否定、抑圧《よくあつ》、といいます。子どもができることを、大人が手を出して、子どもにやらせなかったり、「できるはずないだろう」と子どもを否定し、抑《おさ》えつける関《かか》わりが、その最たるものです。

●ほどよい力で、そっと支え続けることが大切

このことを、分かりやすくした例《たと》えがあります。「掌中《しょうちゅう》の珠《たま》」という言葉がありますが、私はこれを少しアレンジして、手のひらの中の卵、と言っています。

手のひらの中の卵は、あまりきつく握《にぎ》りすぎると、壊《こわ》れてしまいます。それと同じように、子どもの心も、あまりきつく縛《しば》りすぎると、壊《こわ》れてしまいます。過干渉《かかんしょう》、抑圧《よくあつ》しすぎると、子どもの心は壊《こわ》れてしまうのです。

逆に、あまり手を広げすぎると、卵は、ころころと転がって、手のひらから地面に落ちて、壊《こわ》れてしまいます。同じように、子どもの心も、あまり手を放しすぎると、ころころ

とどこかに転がって、壊《こわ》れてしまいます。あまりに放任《ほうにん》、突《つ》き放《はな》すような対応が続くと、また、子どもの心は壊《こわ》れてしまうのです。

放しすぎもせず、締《し》め付《つ》けすぎもせず、ほどよい力で、そっと支え続けること、それが、一番大切だ、ということです。

④

思春期になると、依存と自立の行ったり来たりが、とても激しくなる

さて、この依存《いぞん》と自立の繰り返しが、思春期《ししゅんき》になるとどうなるか、ですが、基本的には同じです。ただ、いくつか、思春期《ししゅんき》に特徴的なことがあります（なお、思春期《ししゅんき》とは、広くとると十二歳から十八歳まで、せまくとると十四歳から十八歳と私は考えています）。

まず、一つは、この依存《いぞん》と自立の行ったり来たりが、思春期《ししゅんき》には、とても激しくなる、ということです。まるで、日替《ひが》わりのようにくるくる変わります。

「お母さ～ん」と頼ってくるので、まだ子どもだな、と思っていると、次の日には、「うるさいな。ほっといてくれよ」と言う。昨日は、お母さ～んと言っていたのに、じゃあも

う知らんわ、と思ってプリプリしていると、次の日、また「お母さ〜ん」と言ってくる。いったい、どっちやねん！とキレそうになります。どっちが本当かと思いますが、どっちも本当なのです。それだけ、ころころ変わる、ということです。

依存の対象は、親から友達へ友達から拒否された子どもは、強い不安を持ち、自立が妨げられる

もう一つの特徴は、依存《いぞん》の相手が変わってくる、ということです。

思春期《ししゅんき》までは、依存《いぞん》の相手は、主に親ですが、思春期《ししゅんき》に入ると、たとえ不安になっても、もう親には甘えられない、という気持ちが強くなります。

その時に、依存《いぞん》する相手が、友達です。ですから、思春期《ししゅんき》の友達関係というのは、親に甘えたい気持ちを、友達に向けているのです。

思春期《ししゅんき》の友達関係が、とても依存的《いぞんてき》なのは、こういう理由によります。ですから、受け

入れられるか、拒否されるか、ということをものすごく気にしますし、拒否されたら、とても傷つきます。大人になれば、お互いに自立していますから、多少、拒否されても、人は人、私は私、と思えますが、思春期《ししゅんき》はそうは思えないのです。

こういう意味で、思春期《ししゅんき》には友達関係が、心の成長にとって、いかに重要か、ということが分かられると思います。逆にまた、友達関係を持てなかった、あるいは、いじめなどで、友達から拒否された子どもが、いかに強い不安を持ち、自立を妨《さまた》げられるか、ということが分かっていただけると思います。

3章

人間が生きていくうえで、
甘えは絶対必要なものです。
決して「甘えるな」と言ってはならない

① 甘えが満たされる時、「自分は愛される価値のある存在なんだ」と感じます。この土台があって初めて、しつけや学力が身についていきます

ここで、もう少し、「甘え」について考えてみたいと思います。

「甘え」は、「甘えるな」「甘やかしてはいけない」というように、今日《こんにち》、あまりいい意味では使われません。

しかし、人間の心の成長にとって、甘えは、必要不可欠なものです。それは、子どもだけではありません。大人にとっても、およそ、人間が生きていくうえで、甘えは、絶対に必要なものです。

そのことを明らかにしたのが、土居健郎の「甘え」理論ですが、これは、一九九九年の国際精神分析学会のテーマにも取り上げられ、世界的にも、「甘え」の大切さが、再評価

されているともいえるでしょう。

甘えは、一言《ひとこと》でいうと、相手の愛情を求めることです。甘えが満たされる時、自分が愛されていることを感じ、また、自分は、愛される価値のある存在なんだ、と感じます。相手に対する信頼と、自分に対する信頼（自己肯定感《じここうていかん》）が育ちます。それが、安心感につながります。

この「自己肯定感《じここうていかん》」は、現代の子育て・教育を語るうえでのキーワードで、これ以上大切な言葉はないといってもいいくらいです。自己肯定感《じここうていかん》は、「自分は大切な人間だ」「生きている価値があるんだ」「自分は自分でいいんだ」という気持ちのことで、この土台があって初めて、しつけや学力が身についていきます。

その大切な自己肯定感《じここうていかん》を育《はぐく》むために、「甘え」が極めて重要な役割《やくわり》を果《は》たしていることを知れば、「甘え」の大切さも分かっていただけるのではないかと思います。

相手を信ずることのできる人は、思いやりを持ち、深い人間関係を築くことができます。ギブアンドテイクの喜びを知り、和することを大切にします。

甘えが満たされない時、甘えを満たしてくれない相手に怒りが生じ、それが、高じると、自分は、甘えさせてもらえるだけの価値のない人間なんだと思います。それが続くと、周囲に対する不信感や怒りとなり、自己肯定感《じここうていかん》が低くなります。

自己肯定感がしっかり育っていない人は、
しつけや学力がうまく身についていきません。

そういう人は、相手を信ずることも、甘えることもできないので、人間関係が希薄《きはく》になり、淋《さび》しい人になります。攻撃的《こうげきてき》になったり被害的になったりしやすくて、すぐ人と敵対する人もあります。あるいは逆に、特定の状況では、過度に依存的《いぞんてき》になることもあります。

それが高じると、さまざまな問題行動や、心の失調として、表れてきます。

実際、非行少年や、あるいは、心療内科《しんりょうないか》に来る患者さんたちを見てみると、幼少時、甘えさせてもらえなかった、あるいは、上手《じょうず》に甘えることのできなかった人が多いです。決して、甘えすぎでなったのではないのです。

ですから、そういう人の回復のためには、「甘え」を保障することが大切です。決して、「甘えるな」などと言ってはならないのです。

●「依存症」が大幅に増えているのは、なぜか

今日《こんにち》、人間関係が希薄《きはく》になり、夫婦、親子、友達、恋人、皆、あたりさわりのない、表面的な会話しかしなくなっている、といわれます。それは、言葉を換《か》えれば、お互い、甘えなくなった、ということです。その結果、どうなっているかというと、「依存症《いぞんしょう》」の大

幅な増加です。

昔は、依存症《いぞんしょう》というと、アルコール依存症《いぞんしょう》のことでした。しかし今日《こんにち》は、アルコールに限らず、薬物に依存《いぞん》する人、食べ物に依存《いぞん》する人（過食症《かしょくしょう》）、パチンコ依存症《いぞんしょう》、買《か》い物依《ものい》存症《ぞんしょう》、携帯依存症《けいたいいぞんしょう》、仕事依存症《しごといぞんしょう》、恋愛依存症《れんあいいぞんしょう》、ストーカーなど、あらゆるものが、依存症《いぞんしょう》の対象になっています。これらの依存症《いぞんしょう》にすべて共通するのは、いくら依存《いぞん》しても、安心感、満足感が得《え》られない、ということです。

どうしてそうなるか、というと、本来、依存《いぞん》するべきものに依存《いぞん》せず、依存《いぞん》すべきでないところに依存《いぞん》しているからです。甘えるべきところに甘えず、甘えるべきでないところに、甘えているからです。

親子や、夫婦、友達、本来甘えていいところで、甘えることができなかったために、甘えるべきでないところに、甘える人が増えている、これが、現代の世相ではないかと思います。これに大きく影響を与えているのが、「甘えはよくない」という誤った常識です。

COLUMN

「やっぱり自分はいらない人間なんだ」という気持ちが、子どもを非行に走らせる

子どもが非行に走る心の動機は、二つあります。怒りと、自己肯定感《じここうていかん》の低さです。そして、その二つを、とても効果的（？）に、子どもに植えつける方法があります。それが、子どもを比較すること、差別、えこひいきすることです。

大人は、よく、

「○○ちゃんはいい子なのに」

「どうして○○君は、あんなにやっているのに、あんたはできないの」

と言います。大人がこのように言うのは、だから、あなたも、○○ちゃんのように、いい子になってほしい、がんばってほしい、ということです。

しかし、子どもは普通、そうは聞きません。

「じゃあ、いい子が欲しいなら、○○ちゃんだけを子どもにすればよかったじゃないか。オレなんかどうせいらないんだろう」

と聞くのです。

COLUMN

いい子であれば、好かれるし、悪い子であれば、嫌《きら》われる。それが世の中です。

しかし、少なくとも親や自分の大切な人からは、できが良くても悪くても、変わらず愛してほしいと子どもは思っています。それでこそ、初めて、子どもは、

「こんな自分でも生きてていいんだ」

と思うのです。

それが、人と比較されて、けなされ続けた子どもは、その不当な待遇に怒ります。しかしその一方で、

「やっぱり自分はいらない人間なんだ」

と、どんどん捨て鉢になっていくのです。

そんな時の子どもの気持ちは、非行への最短距離にある、ということを、私たちはよくよく知る必要があると思います。

② 甘えを放置すると、子どもの心に、強い怒りが生じます。それは、暴力を受けた時の怒りに勝るとも劣りません

では、甘えが、子どもの成長につれて、どのように変わっていくか、それに、どう応《こた》えていくか、について、お話ししたいと思います。

まず、赤ちゃんの甘えは、泣く、という形で表れます。「泣く」のは、生理的な欲求が満たされない時だけでなく、不安な気持ち、淋《さび》しい気持ちを表現するサインです。その時は、抱《だ》っこしてやります。抱《だ》っこというのは、赤ちゃんにとってものすごく安心感を与える行為なのです。また、頭をなでてやる、とか、キスするとか、微笑《ほほえ》みかける、なども、子どもに安心感を与える、とてもいいことです。

ところが、何かの事情で、抱《だ》っこができない時、赤ちゃんの泣き声は、さらに激しくなります。この時の子どもの気持ちは、怒りです。「お母さん、僕《ぼく》がこんなに泣いているのに、どうして抱《だ》っこしてくれないの！」ということです。ここで分かることは、子どもを放置《ほうち》することは、子どもの側《がわ》に、強い怒りを生む、ということです。

われわれは、暴力を振《ふ》るわれたり、暴言を浴びせられたりすると、強い怒りを感ずる、ということはよく分かります。しかし、放置《ほうち》することが、いかに子どもに強い怒りを生むか、ということはあまり知られていません。

愛の反対は、憎《にく》しみではなく、無関心だといわれます。憎《にく》しみは、まだ裏に愛があるのです。しかし、無関心に、愛はありません。児童虐待《じどうぎゃくたい》の現場では、放置《ほうち》（ネグレクト）された子どもの怒りは、暴力を受けた子どもに勝るとも劣《おと》らないことが知られています。

しかし、赤ちゃんがこのように怒りを向けている間は、まだこちらにメッセージを発している段階なので、それに気づいて、抱《だ》っこしてやれば、治まります。たとえ怒っていても、それを、怒りで抑《おさ》えつけるよりも、抱《だ》っこのほうが、はるかに早く泣きやみます。

これは、もう少し大きくなって、キレる子どもの対応についてもいえることで、クラスで暴《あば》れている時、家で暴力を振《ふ》るっている時、いずれも、つい、こちらも力で対抗して、抑《おさ》えつけようとしてしまいますが、それは間違っています。そうではなく、懐《ふところ》に入って抱《だ》きしめる、そして、「つらかったね、つらかったね」と背中や頭をさすってやってほしいのです。

●甘えたい気持ちを心の中から締め出すと、子どもは無表情になります。心のトラブルの始まりです

ところが、赤ちゃんが、怒って激しく泣いていても、抱《だ》っこしないことが続くと、赤ちゃんは、ある時から泣かなくなります。そして、無表情になります。これは、甘えたい気持ちを、自分の心の中から締《し》め出《だ》してしまった状態です。そして、悲しみや怒りを、深く無意識の中に潜行《せんこう》させることになります。いわゆるサイレント・ベビーです。

これは、とても心配な状態で、表面上は、喜怒哀楽《きどあいらく》が少なく、手がかからないので、よい子に見えますが、心のダメージは相当大きくなっています。このままで大きくなると、

いずれ、さまざまな心のトラブルとして、表面化してきます。

第一章で紹介したケースでも、どうしてこんな激しい家庭内暴力が生じたか、ですが、いじめや、父母の不在、祖父の命令的な態度も少なからず関《かか》わっていると思いますが、一番の根っこは、幼い時の甘えの禁止だと思われます。

以上が、赤ちゃんの時ですが、いずれにせよ、スキンシップとか、抱《だ》っこ、というのが、この時期には、最も大切です。

スキンシップが苦手でも、自分を責めることはありません

ところが、心理的な抵抗《ていこう》があって、どうしてもできない、というお母さんがあります。それは、たいてい、夫や周囲のサポートが十分得《え》られなかったり、お母さん自身、精神的に相当参っていたり、お母さん自身の、育った環境のためだったりするので、実家や地域（保健師さん、子育てサポーターなど）や保育園の応援を受けて、態勢を立て直す必要が

あります。

決して、子どもに愛情を注《そそ》げないなんて、母親失格ではないか、などと自分を責める必要はありません。適切なサポートを得《え》てお母さんが安定すれば、必ず子どもへの愛情も生まれてきます。

●ちゃんと話を聴くと、甘えが満たされ、安心します

さて、やがて少し大きくなると、話ができるようになります。そうなったら、ちゃんと話を聴く、ということです。話を聴いてもらうことで、子どもは、親に甘えたい気持ちが満たされ、安心します。また、小学生の間なら、抱《だ》っこや、スキンシップなどもまだ十分、有効です。

③ 思春期は、友達関係で、さまざまに裏切られ、傷つきます。子どもが本当に助けを求めてきたら、しっかり受け止めてやってほしい

「いつまで子どもの甘えを認めていいのか」と聞かれることがあります。中には、「甘えていいのは二、三歳まで。それを過ぎたら、もう甘えはダメ、突《つ》き放《はな》して自立させなければ」と言う人もあります。

しかし私は、いろいろな患者さんを見てきて、それは間違いだと思っています。少なくとも小学生の間くらいまでは、十分甘えを受け止めてかまいません。ですから、「十歳まではしっかり甘えさせる、そうしたら子どもはいい子に育つ」という言葉もあるくらいです。

しかしそう言うと、「どうして十歳なのか。十歳過ぎたら甘えはだめなのか」という疑

間も多く寄せられました。

基本的には、甘えというのは、人間が生きていくうえで、必要不可欠なものなので、いくつになっても必要です。特に、十歳までの甘えは大切なので、このようにいわれます。

それでは、十歳以降はどうか、というと、本来、この時期は、親離れしていく時期なので、それまで十分に甘えていれば、次第《しだい》に甘えなくなってくるのです。それなのに、まだ甘える、ということは、それまでに十分甘えていないか、それとも、子どもを甘えさせるつもりで、実際は、親が子どもに甘えている場合があるのです。前者では、甘えを引き続き受け入れていいですが、後者は少し心配な面があります。

例《たと》えば、お父さんの不在がちな家庭の場合、母と子の結びつきがとても強くなります。それは、いい面もたくさんあるのですが、子どもが、親離れする時には、その強い絆《きずな》がかえって妨《さまた》げになることがあります。子どもから、その絆《きずな》を断ちきることは難しいので、その場合は、親のほうから、ちょっと突《つ》き放《はな》すことが必要なのです。

さて、思春期《ししゅんき》になると、依存《いぞん》の対象は、親から、友達に変わってきます。しかし、それでも、やはり親の存在は大切です。

「家中の電気をつけて犬を抱《だ》きテレビと歌う夜の留守番」

（東洋大学『現代学生百人一首』）

中学一年の女の子の短歌ですが、独《ひと》りぼっちで留守番をする孤独感《こどくかん》が、切々と伝わってくるような歌です。

思春期《ししゅんき》から青年期に向かうにつれて、依存関係《いぞんかんけい》は、友達へ、そして、異性へと向かっていきます。その中で、子どもはさまざまに裏切られ、傷つきます。そんな時に、帰ってくるのは、やはり家であり、親です。本当に助けを求めてきたら、しっかり受け止めてやってほしいと思います。

子どもが結婚したら、親はようやく一息つきます。しかし、今のご時世、行ったと思ったら、すぐ戻《もど》ってくる、ということもあります。嫁《とつ》ぎ先《さき》で苦労続きで、泣いて帰ってきた時には、まずは、しっかり話を聴いてやってほしいのです。

ところが、そういう時に、「おまえは、もうこの家の人間ではない。嫁《よめ》に出したんだから」とよく言います。親も、嫁《とつ》ぎ先《さき》へ戻《もど》すため、心を鬼にして言っているのですが、それまでの親子関係がよくないと、結局、親も、自分の存在が邪魔《じゃま》なんだ、と思わせて、よけいに追《お》い詰《つ》めてしまうことがあります。

大人の世界にも、甘えはさまざまなところに見られます。夫婦の会話、友達との義理人情、上司に相談する、病院にかかる。飲み屋に行って同僚《どうりょう》と愚痴《ぐち》る。スナックに行って、ママに癒《いや》してもらう。こういうものが、適切に機能することで、社会は成り立っているのです。甘えを完全に排除《はいじょ》して、私たちは生きていくことができません。

自分は甘えるよりも、甘えさせる立場だ、という人もあるでしょう。そんな人は、人の世話をして、人から必要とされることで、やはり甘えの恩恵《おんけい》を受けています。

●自分が甘えられなかったから、「おまえも甘えるな」は、間違っています

「自分は誰《だれ》にも甘えないでやってきた」と自負する人が、ありますが、そういう人の中には、家族に暴言や暴力を振《ふ》るったり、子どもに八《や》つ当《あ》たりしたり、職場の後輩をいじめた

りしている人があります。そういう形で、やはりその人は、甘えているのです。

第一章に紹介したケースでは、どうしておじいさんが、こんなに甘えに厳格だったかというと、自分が、甘えることなんかとても許されずに、子ども時代を過ごしてきたからです。そのおかげで強くなれた、と思っておられます。確かにそういう面もあるかもしれません。だからといって、孫の甘えまで、全面否定するのは間違っています。


よく、指導や教育と称《しょう》して、怒鳴《どな》ったり、暴力を振《ふ》るう人に、「何でそんなことするの」と聞くと、「俺《おれ》たちも、こうやってしごかれてきたんだ」と言う人があります。これは、実は答えになっていません。

先輩にやられたかどうかにかかわらず、後輩のために、必要なことはすべきだし、してはいけないことは、すべきではありません。自分がされたかどうかは関係ありません。甘えも同じです。自分が甘えられなかったから、おまえも甘えるな、ではないはずです。

おじいさんだって、本当は、お母さんに甘えたかったはずです。とてもつらかったと思います。でも、泣いてるヒマなんかなくて、必死で気持ちを抑《おさ》えて生きてきたんだと思います。

自分は、いろんな事情があって甘えられなかったけれど、おまえたちは、幸せな時代に生まれたんだ、存分に甘えたらいいよ、と言ってやってほしいのです。

そうすれば、子どもも、おじいちゃんたちが苦労してくれたおかげで、こんな平和な時代が来たんだね、ありがとう、と言えるのだと思います。

私たちは、子ども時代の甘えを、もっと肯定《こうてい》すべきです。日本人は、元来、子どもの甘えを大切にする国でした。それは決して恥ずべきことではありません。

なぜなら、甘えは、人への信頼と思いやりを育《はぐ》みます。日本の犯罪率が、諸外国に比べて、圧倒的に低いのは、幼少時代の甘えを大切にすることと、関係するともいわれているのです。

④ 子どもの心身症を診ていると、祖父母から親、親から子への、八つ当たりの連鎖が原因になっていることが、よくあります

いくら腹が立っても、それを我慢《がまん》することが大切だ、といわれます。ケンカはいけない、仲良くしなさい、といわれます。

しかし、本当に不当なことをされた時も、我慢《がまん》すべきなのでしょうか。

私は、怒りは、それを与えた人に返すべきだ、と相談に来た人に勧《すす》めています。

確かに、よく話を聞けば、誤解だったと分かり、腹立ちが収《おさ》まることもあります。できるだけ悪意ではなく、善意に解釈《かいしゃく》することも、大切なことですし、私も、できるだけ、そのような見方を伝えるようにしています。

しかし、世の中には、どう考えても、不当だ、ということがあります。それでも、とことん我慢《がまん》できる人は、それに越《こ》したことはないでしょう。しかし、多くの場合、そこで我《が》慢《まん》してしまうと、必ず、別のところに、その怒りは向きます。いわゆる八《や》つ当《あ》たりです。

子どもの心身症《しんしんしょう》を診《み》ていると、祖父母から親、親から子、と、この八《や》つ当《あ》たりの連鎖《れんさ》が、最後は、一番弱い子どもの上にしわ寄せとなって集中していることがよくあります。子どもは、大《たい》して悪くないのに、単に、祖父母が機嫌《きげん》が悪かったから、父母が機嫌《きげん》が悪かったから、という理由で、当たられるのです。その子どもは、当たる場所がないので、弟妹に当たったり、ペットをいじめたり、ぬいぐるみを切《き》り裂《さ》いたり、果《は》ては、自分の身体《からだ》を傷つけて、自分に当たっています。そして、大きくなったら、また自分の子どもに、八《や》つ当《あ》たりしています。

もういいかげん、私たちは、この八《や》つ当《あ》たりの連鎖《れんさ》を、止めてはどうでしょうか?

不当なことをされたら、それは不当だ、私は受け取らない、ときちんと返すのです。

上司から、八《や》つ当《あ》たりされることが続いたら、「これは、いくら何でも不当だ。私は、この点では悪くない」ときちんと返すのです。

夫から、いわれのないことで、なじられたら、「その言い方は間違っている。私は悪くない」ときちんと返すのです。

友達から「クサい」と言われたら、「私はクサくない、あなたは間違っている」とハッキリ返すのです。

親から、明らかに不当な扱《あつか》いを受けたら、自分を責めて、貶《おとし》めるのではなく、「子どもに対して、そういうことをするのは間違っている」とハッキリ言うのです。

それによって、弱い者へ、あるいは、次の世代へ、怒りを持《も》ち越《こ》さなくて済みます。

そして、もらってうれしかったものだけを、人に渡すのです。

もらって嫌《いや》だったものは、元の人に返す。

もらって嫌《いや》なものを、我慢《がまん》して受け取って、それをまた人に渡すのは、やめよう、ということです。

4章

子どもを、自立させるには。

思春期に反抗や批判をしてくるのは、「自立」がうまくいっている証拠です

① 反抗は自立のサイン。小さい頃の遊びやイタズラは自立心を育てます

次は、自立について、考えてみたいと思います。

子どもは、まず、お母さんに完全に依存《いぞん》した状態で生まれ、そこで十分な安心感を持ちます。安心感を十分得《え》た子どもは、外界への関心が生まれ、外に探検に出ます。はいはいを始めた子どもは、いろんな物に興味を持ち、ひっくり返したり、口に入れたりします。これが、自立の端緒《たんしょ》です。

つまり、自立というのは、親にとっては、とても手がかかる状態になることです。すぐに散らかす、口に何でも物を入れる、大切な紙を破る。とても目が離せません。しかし、こういう時の子どもの目は輝いています。

二、三歳になると、第一反抗期《だいいちはんこうき》が現れます。こちらが、指示したり命令したりすると、「いやだ！」と言います。こちらが手を出そうとすると、「自分でやる！」と言います。ますます手がかかるようになります。

もう少し大きくなると、さらに行動はエスカレートし、遊びから、イタズラになります。大切な物を壊《こわ》す、危ないことをする、等々。

しかし、こういうことも、実は、子どもの心の成長にとってとても大切なことなのです。反抗《はんこう》は、自立のサインですし、イタズラは、好奇心の表れであり、自発性の育ってきた証拠です。

大人から見れば困った行動でも、子どもなりに、理由があるのです。

それを、大人の都合《つごう》で、叱《しか》ったり、止めたり、ということを続けていると、自発性そのものまで、損なわれてきます。

遊びやイタズラを、過剰《かじょう》に規制したり、禁止することが、子どもの自立心を奪《うば》う、といわれるのは、そのためなのです。

引っ込み思案の子どもを、どうやったら遊びに誘うことができますか、と遊びの達人に聞いたら、即座に、「それは、先生が、思いっきり楽しんで遊ぶことです。そうしたら、子どもも自然に、やらせてくれと寄ってきます」。

もっとしっかり遊びなさい、みんなと一緒《いっしょ》に仲良く遊びなさい、などと、指示や命令を繰り返していると、それはもう、遊びではなく、仕事になってしまう、ということです。

遊びに満ちていたはずの子どもの世界が、今は、指示され、命令され、強制される「仕事」ばかりになってはいないでしょうか。それが、子どものやる気をそぎ、ひいては、学ぶこと、働くことに、苦痛しか感じられなくさせているように思います。

大人が、もう一度遊び心を取《と》り戻《もど》すこと。それがそのまま、子どものやる気を育てることになるのです。

② 子どもの話をしっかり聴く。親にとって都合の悪いことでも、正しいことは、ちゃんと認める。そうすると、自己主張できる子に育っていく

子どもがもう少し大きくなると、自己主張を始めます。「僕《ぼく》は、こうだ」「私は、こうしたいの」などです。中には、「お母さんは、こうだ」「お父さんは、こうじゃないか」と、批判的なことも口にします。

そういう話を、しっかり聴く、ということです。ちゃんと子どもの話を聴いていると、「確かにあんたの言う通りだわ」ということが多いです。たとえ親にとって都合《つごう》の悪いことでも、正しいことは、ちゃんと認める、ということです。子どもは、実際、よく見ています。それを、きちんと認めることで、子どもも、自分の感じ方や判断に自信が持てるようになるのです。逆に、それをすべて否定していると、子どもは、自分の感じ方に自信が

持てなくなり、すべての判断を周囲に依存《いぞん》することになります。

自分の意見を問われても、答えられず、周囲の顔色ばかり見ている子があります。それは、きちんと、自分の意見を聴いてもらい、正しいことは正しい、誤解していることは、それは、こういう見方もあるよ、ということを教えられていない子です。

埼玉県の小学校で先生をしていた増田修治さんは、子どもに詩を書かせることで、子どもの自己主張を育てる取り組みをしてきました。先生の書いた、『話を聞いてよ、お父さん！　比べないでね、お母さん！』という本には、子どもなりの自己主張がいっぱい詰《つ》まっていて、時には大笑いさせられます。その中でも、特に傑作《けっさく》だと思うのを、一つ引用します。

「家庭訪問とそうじ」　小学四年男子

「うちのお母さんはゴールデンウィークから
『5月9日、家庭訪問だわ。部屋をそうじしなきゃ』

とふざけたことを言っていた。
そしてそうじしないうちに、
ゴールデンウィークが終わった。
そして5月9日当日
ぼくが家に帰ってきたら、
1階の部屋がものすごくキレイになっていた。
そしてぼくが2階の自分の部屋に
ランドセルを置こうとして
自分の部屋に入ったら、
ぼくの部屋がものすごくきたなくなっていたので、
『ウワァー！』とさけんでしまった。
よーく見てみると
下の1階にあった物が自分の部屋にいっぱい置いてあった。
ぼくは、
『ただ下にあった物を2階にうつしただけじゃないか！』

と思った。
ぼくがお母さんに
『なんで下にある物がぼくの部屋にあるの？』
と聞いたら、
お母さんは何も言わなかった。
来年の家庭訪問のそうじはちゃんとやって欲しい」

家の掃除《そうじ》ができていないのは、お母さんだけのせいではないと思いますが、「うちも同じだ」という家が、けっこう多いのではないでしょうか。
ただ、こんなふうに、ちゃんと自己主張できる子どもに育てられ、都合《つごう》の悪い発言でも、増田先生の本への掲載《けいさい》を承諾《しょうだく》されたお母さんを、私は素晴らしいと思います。

3

ちゃんと育ててきたから反抗するようになったのです。医者から見ると、思春期に反抗しない子のほうが心配です

さて、小学校高学年以降、思春期《ししゅんき》に入ると、自立は、反抗《はんこう》や、親への批判、激しい場合は、攻撃《こうげき》、という形を取ってきます。

まず、大切なことは、この時期に、反抗《はんこう》や批判をしてくる、ということは、自立が、うまく進んでいる、ということで、基本的には、今までの子育てが間違っていなかった、ということです。

「どうしてこんなに反抗《はんこう》するのか」「こんな子に育てた覚えはない」といいますが、ちゃんと育ててきたから、反抗《はんこう》するようになったのです。反抗《はんこう》しだしたことを、心配するのではなく、喜んでほしいのです。

自己主張や反抗《はんこう》を、単に、わがままと決めつけて否定しないでほしいのです。

ただ、時には、反抗期《はんこうき》が、とても激しく出る場合があります。それは、たいてい、それまで、十分、反抗《はんこう》ができず、よい子でいたために、あるいは、抑《おさ》えつけられていたために、思春期《ししゅんき》になって、一気に爆発《ばくはつ》した場合に多いです。そういう場合は、付き合うのに、相当、苦労と忍耐《にんたい》が必要です。

しかしそれでも、今の時期に出たということは、まだよかったのです。われわれ医者の立場からすると、思春期《ししゅんき》に、全く反抗《はんこう》しない子のほうが心配です。

●子どもに自信を持たせるためには、親が、先回りして、手を出したり、口を出したりしない。失敗しても、否定しないこと

また、自立し始めた子どもは、必ず不安を持っています。親のほうにも不安があります。そこで大切なのは、親が、自分の不安から、先回りして、手を出したり、口を出したりしない、ということです。いわゆる、過保護《かほご》、過干渉《かかんしょう》をしない、ということです。

子どもをどのようにして、自立させるか、ということですが、十分な安心感を与えるとともに、もう一つ大切なことは、自信を持たせる、ということです。

どうすれば、子どもは自信を持つか、というと、自分で悩んで、考えて、成《な》し遂《と》げることで、初めて子どもは自信を持つのです。人から言われた通りにやって、成功しても、子どもの自信にはなりません。ですから、できるだけ、手出し口出しは控《ひか》えたほうがよいのです。

もちろん、失敗する時もあります。それで、自信を失うのではないか、と心配になる気持ちも分かります。しかし、大切なことは、失敗するかどうかではなく、失敗した時に、周囲がそれをどう評価したか、ということです。失敗しても、「ここまで、よくできたじゃないか。ここまでできただけでも、りっぱだ。次は、きっと成功するよ」と言われると、「そうか！」と思って、自信を回復します。

しかし、失敗した時に、「やっぱり、おまえは何をやってもダメだ。こんなのなら、最初からやらなければよかったんだ。親の言う通りにしていれば、こんなことにはならなかったのに」と否定されると、本当に自信を失ってしまいます。

人生に失敗はつきものです。

失敗を繰り返しても、そこから立ち直る人と、自信を失う人と、どこが違うのか。周囲の人は、本人の根性がないからだ、と言いますが、実はそれよりも、周囲の否定的な見方が、本人をそのように追い込んでいることが多いのです。

④

子どもの権利条約って何？
一言でいうと、子どものペースで甘えたり、自立したりすることを、保障します、ということ

平成六年、日本は、国連の定めた、子どもの権利条約に調印し、子どもの権利を、きちんと保障していくことを、国際社会に約束しました。

私の住む富山県の旧小杉町《こすぎまち》は、平成十五年四月、川崎市などに続き、全国でも先駆《さきが》けて、自治体として子どもの権利条例を制定し、合併後、その条例は「射水市《いみずし》子ども条例」として新市に引き継がれました。

子どもの権利条約とは、一言《ひとこと》でいうと、子どものペースで、甘えたり、自立したりすることを、保障します、決して、大人の都合《つごう》で、突《つ》き放《はな》したり、利用したり、抑《おさ》えつけたり、否定したりしない、ということです。

政府は、この条約の精神はすでに、日本には十分行《ゆ》き渡《わた》っていて、いまさら、周知徹底するまでもない、という姿勢ですが、国連からは、日本でも、児童の権利侵害《けんりしんがい》の実態は存在するし、政府の努力はまだまだ不足している、と注意を受けています。

確かに、内戦が絶《た》えない国、飢餓《きが》で苦しむ国に比べれば、恵まれていることは事実でしょう。しかし、児童虐待《じどうぎゃくたい》や、いじめ・体罰《たいばつ》によって、子どもが立て続けに命を失う現状を見れば、この日本でも、子どもの権利侵害《けんりしんがい》は、深刻だというのが実感です。

また、「ほとんどの加害者は、かつて被害者であった」という言葉があります。害を加える人、暴力的な人は、ほとんどの場合、子ども時代に何らかの被害体験を持っている、ということですが、その観点から見れば、犯罪や非行も、子どもの権利が十分、保障されていないところから起きているといえます。

「少年非行の防止に関する国連指針」（リヤド・ガイドライン）には、「少年非行の防止のためには、幼児期からその人格を尊重する必要がある」と明記されています。

子どもの非行を防止するために、何が一番大切かというと、子どもを、幼児期から、その人格を尊重して育てていくことだ、ということです。

自己中心的になるのは、権利の使い方を教えていないから

子どもの権利、というと、必ず出てくるのが、「これ以上、権利を認めたら、ただでさえ、自己中心的な子どもが、よけい増長することにならないか」という意見です。

しかし、自己中心的になるのは、権利を認めたからではなく、権利の使い方をきちんと教えていないからです。権利の使い方を教えるためには、まず、権利を認めないことには教えられません。権利を認めて、それを使ってみて初めて、権利と自己中の違いを教えることもできるし、自分の権利と、他人の権利の折《お》り合《あ》いのつけ方も学ぶことができるのです。

例《たと》えば、子どもの権利の中に、意見表明権、というものがあります。自分の意見はハッキリ言っていいですよ、ということです。そして、自分の気持ちをハッキリ言う中で、こ

れは、言ってもいいこと、これは言ったら相手を傷つけること、ということが出てきます。それを、そのつど教えていくことで、人の気持ちに配慮《はいりょ》しながら、自分の意見をきちんと言える子になります。

子どもの間は権利を全く認められずに、大人になったら、いきなり、すべての権利が行使できる。そんなことだと、権利と自己中の違いを知らない大人が増えるだけです。

実際、暴君になる人は、かつて奴隷《どれい》のような扱《あつか》いを受けていた人に多いといわれます。権利を奪《うば》われていた人は、いったん、権利を握《にぎ》ると、王様や女王様のように君臨し、他人の権利を踏《ふ》みにじる人が多いです。

5章

思春期の子どもとの接し方

「どうせ親に話しても無駄だから」と言われないために

①

揺れ動く、子どもを認めて、付き合う。「分かったよ」と言って、ついていく。「好きな所へ行けば」と、見放さない

それでは、思春期《ししゅんき》にある子どもたちに、どのように接していくか、ということですが、私は、一言《ひとこと》でいうと、「子どもの揺《ゆ》れに付き合う」ということだと思っています。

「今日、一杯付き合えよ」「じゃ、付き合おうか」という言葉でも分かるように、付き合う、というのは、決してこちらから積極的に動くわけではない、でも、嫌《いや》というわけでもない、受け身の同意、というニュアンスがあります。

子どもが、依存《いぞん》したり、自立したり、そういう揺《ゆ》れを、認めたうえで、付き合う、ということです。

子どものあとを、「ついていく」ことだ、と言った人もあります（芹沢俊介『ついていく父

親』新潮社)。

子どもが、右へ行くと言ったら、分かったよ、と言ってついていく。左に行く、と言ったら、分かったよ、と言ってついていく。ところが、やっぱり右へ行く、と言いだすと、こちらも、「いいかげんにしろ、さっき、左と言ったじゃないか！」と言いたくなりますが、そこを、じっとこらえて、分かったよ、と言ってついていく。

子どもが立ち止まったら、こちらも立ち止まる。子どもが歩きだしたら、こちらも、あとをついていく。

ここにあるのは、まず、子どもに対して、指示、命令をしない、という態度です。子どもの前に立って、あっちへ行け、こっちへ行け、と、いちいち指示しない。手を引っ張らない。背中を無理に押さない。ところが、子どもが立ち止まったりすると、こちらはついつい焦《あせ》って、先回りして、早く歩きなさい、と説教したり、いつまで立ち止まっているの！と叱《しか》ったりします。そういうことを、しない。ちゃんと歩きだすまで、待つ、ということです。

子どもが赤ちゃんの時、はいはいから、独《ひと》りでまず立つことができた時には、最初の一歩を期待して、じっと待っていたと思います。最初の一歩が出た時に、子どもも大人も共に喜んだ、あの感覚を思い出してほしいのです。

かといって、「じゃあ、好きな所に行けば?」と突《つ》き放《はな》したりもしない。ついていく、ということの中に、もう一つあるのは、「見放さない」という態度です。あっちへ行ったりこっちへ行ったり、振《ふ》り回《まわ》されると、「もう知らん! 勝手にしろ!」と突《つ》き放《はな》したくなるのですが、それをしない。たとえ言葉で、突《つ》き放《はな》すようなことを言ったとしても、やっぱり、心配だから、あとをついていく。また、もし子どもが不安になって、後ろを振《ふ》り返《かえ》ったら、そこには、ちゃんと親がいて、大丈夫《だいじょうぶ》だよ、とうなずいてくれる、そういう関係です。

ただし、どこへ行こうと、「分かったよ」とついていく、ということではありません。本当に危ない所、崖《がけ》っぷちに向かっていく子どもに、「いいよ」と言うのは、それこそ「見放す」ことです。本当に危ない時には、きちんと止める、これも、「見放さない」ということです。

② 親が肩の力を抜くと、親が楽になります。親が楽になると、子どもも楽になります

それでは、具体的にどう関《かか》わるか、ですが、まず大切なのは、親が、「肩の力を抜《ぬ》く」ということです。

とりあえず、思春期《ししゅんき》になるまで、餓死《がし》もさせず、ここまで育ててきました。それだけでも、大変なことです。右も左も分からない、赤ちゃんの時から、ここまで育てるには、大変なエネルギーと時間が必要でした。でもそのおかげで、子どももここまで育ちました。もう、おなかがすけば、「おなかがすいた」ときちんと言えますし、お金さえあれば、コンビニに買い物に行くこともできます。たとえ、親がいなくても、何とか生きていくことはできます。ですから、子育てで一番大変な時期はもう過ぎました。

また、もう、中学生になった子に、いまさら、ああしろ、こうしろ、と言っても、そんなに大変わりはしません。勉強が嫌《きら》いな子に、勉強を好きになれ、と言っても、人間、百八十度、変わるものではありません。ですから、もう、こうなってしまったことはしかたがない、ここまできたからには、なるようにしかならん、といったん現実を認めてしまって、肩の力を抜《ぬ》く、ということです。

親が肩の力を抜《ぬ》くと、親が楽になります。親が楽になると子どもも楽になります。

そうすると、険悪な家庭の雰囲気《ふんいき》も次第《しだい》に和《なご》んで、笑いが出るようになります。親も子どもも、外では、いろいろと気を遣《つか》って、疲れているのです。せめて家庭だけでも、ほっとしたい、とみんなが願っているのではないでしょうか。

③ 子どもたちはよく、「親は、してほしくないことばかりする。本当にしてほしいことは、ちっともしてくれない」と言います

それでは、もう子どもにできることは何もないのか、ということですが、そんなことはありません。思春期《ししゅんき》になった子どもに対しても、できることがあります。

まず、一番、簡単で、でも大切なことは、話を聴く、ということです。しかし、思春期《ししゅんき》の子どもは、あまり親に話をしてきません。親と話をするより、友達と話をしているほうが楽しいからです。それはそれでいいのです。無理にこちらから、話を聞き出そうとする必要はありません。

しかし、子どもも、ごくたまに、親に話を聴いてほしい、と思うことがあります。そう

いう時には、いくらこちらが忙しくても、しっかり聴く、ということです。

話を聴くことに限らず、思春期《ししゅんき》に入ると、親に求めてくることが少なくなります。でも、ゼロではありません。ごくたまに、助けを求めてくることがあります。その時に、しっかり応《こた》える、ということです。

病気になったら、病院に連れていく。学校や部活《ぶかつ》で本当に必要な物は、いちいち恩着せがましく言わずに、ちゃんと買う。子どもとの約束は、ちゃんと守る。

子どもたちはよく、「親は、してほしくないことばかりしてきて、本当にしてほしいことは、ちっともしてくれない」と言います。親にしてほしいこともたまにはある、しかしそういう時は、「忙しい」とか、「そんなことやってもしかたがない」とか言われて、拒否されていることが多いのです。

だいたい、子どもが、何か頼み事をしてくる時に限って、こちらの忙しい時が多いです。ですから、ついつい、「今忙しいから」と言って断ったり、「後でするから」と言って、結局忘れてしまったりします。

でも、思春期《ししゅんき》の子どもが、親に頼み事をしてくる、ということは、よほどの事情があるのです。ですから、そういう時は、こちらは、徹夜《てつや》をしてでも、真剣《しんけん》に、応《こた》える必要があるのです。

いったん信用を失ったら、もう子どもは、親を当てにしなくなります

子どもと一緒《いっしょ》に生活できる時間は、せいぜい、あと二、三年です。思春期《ししゅんき》を過ぎれば、病気とか何かの事情がない限りは、もう、子どもに、できることは仕送り程度で、ほとんどなくなってしまいます。最後の親のつとめだと思えば、もう一踏《ひとふ》んばりできるのではないでしょうか。

ところが、肝腎《かんじん》な時に、親に拒否されたり、無視されたりすると、子どもは、「親に何を言ってもしかたがない」と思ってしまいます。特に、思春期《ししゅんき》の子どもには、敗者復活戦はありません。いったん、大きく信用を失ったら、もう子どもは、親を当てにしなくなります。そうすると、本当に困った時にも、親に相談してこなくなります。

私のところに相談に来る子どもも、「親に話はしたの？」と聞くと、「どうせ親に話しても無駄《むだ》だから」と言う子が多いです。そういう子は、以前に、本当に助けてほしい時に、

拒否されたり、軽くあしらわれたりした子が多いです。

逆に、子どもが何年かぶりに、求めてきたことに対して、親が真剣《しんけん》に対応したことで、親子関係が修復するきっかけになったこともあります。

ある家出少女は、一年以上も、家には帰らず、友人の家を転々としていたのですが、「家でインターネットの接続ができるようになったら、帰る」と言ったことで、父親が、二晩徹夜《てつや》して、本人の部屋に回線を引きました。

それまで、ほとんど娘と口をきくことのなかったお父さんでしたが、それをきっかけに、娘と話をするようになり、やがて、一年半ぶりに家に帰ることになったのです。大切なのは、インターネットの接続がどうか、ということよりも、親は、自分を受け入れてくれた、という思いが伝わった、ということだったのだと思います。

④ 思春期になると、子どもがほめてほしいことと、親がほめたいことがズレてくる

子どもの心が順調に育つために、一番大切なことは、子どもの心に自己肯定感《じここうていかん》を育《はぐく》むことです。

その自己肯定感《じここうていかん》を育《はぐく》むのに、大切なことは、子どもを「ほめる」ことです。

ところが、思春期《ししゅんき》の子どもをほめようとしても、なかなかうまくいきません。保育園の頃《ころ》は、「お片付けできてえらいねー」「全部食べられるなんてすごいねー」と、自然にほめられたのが、大きくなると、「えらいね」「すごかったね」と言っても、「別に」で終わってしまいます。

なぜかというと、思春期《ししゅんき》になると、親がほめたいことと、子どもがほめてほしいことが、

だんだんズレてくるからです。親がほめたいことは、勉強したとか家の手伝いをしたとか、そういうことですが、子どもがほめてほしいのは、ゲームをクリアできたとか、ガラクタを集めてコレクションしているとか、アイドルの歌の振《ふ》りつけを覚えたとか、そういうことです。ところが、今度はそれを親が手放しでほめることができません。

それを無理にほめようとすると、子どもも、「わざとらしい」「何か裏があるんじゃないか」と感じるようになってきます。

親からすれば、大人にとって都合《つごう》がよいように動かすためにほめているところもあるので、そんな打算が見えてしまう、ということもあるでしょう。

もちろん、「クラスで一番の点数だった」「運動会で一等賞だった」というようなことがあれば、親も心からほめられるし、子どももうれしいでしょう。ただ、そういったことは、それほど頻繁《ひんぱん》にあるわけではなく、結局、「うちの子は、全然ほめるところがない！」ということになりかねません。

私はよく、「できた一割《いちわり》をほめましょう」と勧《すす》めていますが、例《たと》えば、百点満点のテストで十点だった。それを、「十点も取れてよかったね」というほめ方をされても、子どもはもう、ほめられるべきことではないと分かっているから、皮肉としか思えないのです。

「ありがとう」というほめ言葉は、思春期の子にこそ、必要な言葉

では、どういうほめ方がいいのかというと、そんな思春期《ししゅんき》の子どもでも、間違いなくスッと入るほめ言葉があります。それが、「ありがとう」です。

これは、ひどい反抗期《はんこうき》でも、たとえ非行に走ったような子どもでも、確実に伝わる言葉です。

例《たと》えば、「よくがんばったな」というほめ方をされて、「別に」「大《たい》してがんばってないし」と言うような子でも、「ありがとう」と言われて、すねたり、機嫌《きげん》が悪くなったりする子は、ありません。

それは、ほめるというのは、そのこと自体、どこかで上下関係を前提にしているからです。上が下を評価する、「ほめてあげる」という感覚です。すると、ほめられたということは、上から評価されたことになります。いわゆる「上から目線」です。そういう態度をされることが、だんだん思春期《ししゅんき》に近づくにつれ、イライラしてくるのです。

ところが、感謝の言葉でもある「ありがとう」は、全然上から目線ではないし、同じ人間として対等です。

「生意気で、なかなかほめられない」「ほめても、わざとらしくなってしまう」という時は、子どもが家族のために何かしてくれた、たまたま早く起きてきた。そういう時に、「お母さん、ちょっと出かける用事があったから、早く起きてくれて助かったわ。ありがとう」と、声を掛けていく。そうすると、意外なほど、スッと伝わっていくと思います。

私の関《かか》わったある不登校の女の子がいました。

関《かか》わるうちに、少し元気になった、でもまだ学校には行けない、ということで、知人から老人介護施設《ろうじんかいごしせつ》のボランティアを頼まれました。

ところがその施設《しせつ》に通うようになって、その子はみるみる元気になっていったのです。

どうしてか、その秘訣《ひけつ》も、やはり「ありがとう」にありました。

彼女が施設《しせつ》で老人たちと関《かか》わっても、「どうして学校へ行かないのか?」「怠《なま》けていたら将来ダメになるよ」などと責める人は誰《だれ》もいません。それどころか、皆が彼女が来るのを楽しみにし、うれしそうにするのです。彼女がやっていたのは、ほとんどちょっとしたことでした。歩く時に少し支えてあげたり、話を聞いてあげたり。ところがその一つ一つに対して、たくさんの「ありがとう」が返ってくるのです。

後に彼女は言っていました。「自分みたいな者でも、みんなは私が来るのを待っていてくれたんです。体調が悪くて行けなかった時は、みんなが、『どうして来ないのか』と心配してくれた。ちょっとしたことでも『ありがとう、ありがとう』って言ってくれた。そういう中で過ごすうちに、『自分みたいな者でも、人の役に立てることがあるんだな』と思ったら、涙が出るくらいうれしくって。そうするうちに、だんだん元気になってきたんです」

自己肯定感《じここうていかん》をダイレクトに育《はぐく》む「ありがとう」というほめ言葉は、さまざまな人間関係で悩み苦しむ、思春期《ししゅんき》の子にこそ、必要な言葉なのかもしれません。

十代の子どもに接する十カ条

(1) 子どもを大人の力で変えようという思いは捨てて、肩の力を抜《ぬ》こう。

(2) 「どうして○○しないのか」という子どもへの不平不満を捨てよう。

(3) 今、現にある子どものよさ、子どもなりのがんばりを認めよう。

(4) 子どもへの、指示、命令、干渉《かんしょう》をやめよう。

(5) 子どもから、話をしてきた時は、忙しくても、しっかり聴こう。

(6) 子どもとの約束は守ろう。

(7) 子どもに本当に悪いことをした時は、率直に謝《あやま》ろう。

(8) 威嚇《いかく》や暴言、体罰《たいばつ》で、子どもを動かそうという思いを捨てよう。

(9) 本当に心配なことは、きちんと向き合って、しっかり注意しよう。

(10) 子どもに、なるべく、「ありがとう」と言おう。

6章

子どもが精神的に疲れて、心配な行動や症状を出してきたら……

① 不登校や引きこもり

本人の回復に必要なのは、周囲の人が、子どものつらさに共感すること

子どもが、精神的に疲れて、あるいは、我慢《がまん》の限界を超《こ》えて、何らかの心配な行動や、症状《しょうじょう》を出してくる時があります。このあとは、その対処《たいしょ》について、要点を述べたいと思います。まず、一般的なことを、二つお話しします。

●なぜ、こうなったのか。その原因を、一つのストーリーとして把握する

まず第一は、何で、この子が、こういう行動や症状《しょうじょう》を出すようになったのか、そのいきさつを知る、ということです。

そこには、さまざまな要因がからんでいます。もちろん、すべてを明らかにすることはできませんが、分かる範囲で、こうなって、こういうことがあって、その結果、こうなった、という、いきさつを、本人や親や、場合によっては先生からも、いろいろな情報を集めて、一つのストーリーとして把握《はあく》する、ということです。

こういうことをすると、原因探しはよくない、とか、結局、親が悪いことになるのか、と言われます。確かに、誰《だれ》か一人に、原因を求めて、すべてをその人のせいにして糾弾《きゅうだん》する、ということになっては、かえってマイナスです。たいてい、要因というのは、いろいろなことが組み合わさっていますし、そんなに簡単に割《わ》り切《き》れるものではありません。

●「ここまで生きてきただけでも大変だったんだな」周りが、現状を受け入れれば、本人はかなり楽になる

しかし、それでも、私が、いきさつを知ることが大事だ、と考えるのは、決して誰《だれ》かを責めたり、攻撃《こうげき》するためでなく、本人の回復に必要だと思うからです。

一つには、そのいきさつの中で、今も、悪影響を及《およ》ぼしていることがもしあるなら、取

り除いたり、改善することができます。もう一つは、これが最も大事だと思うのですが、周囲の人が、本人のつらさに、少しでも共感することができるようになるからです。

こういう行動や症状《しょうじょう》を出している人は、たいてい、周りの人に、かなりの負担を強《し》いています。にもかかわらず、本人の行動は、単なるわがままにしか見えない場合が多いです。そうすると、必ず周りの人は、腹が立ってきます。そして、本人を責めたくなってきます。だいたい、人間というものは、自分は我慢《がまん》している、相手は、楽をしている、と思うと、間違いなく腹が立ってきます。

しかし、今までのいきさつを知り、本人も、本当に大変な思いをしてきたんだな、ここまで生きてきただけでも、大変だったんだな、ということが分かってくると、少しは、腹立ちが収《おさ》まってきます。そして、本人を責める気持ちが薄らいできます。これが、本人の回復にとって、とても大切なことなのです。

周囲が、本人に対して、怒りや非難の気持ちを持っていると、それは必ず本人に伝わりますし、回復を確実に遅らせます。周りが、本人の現状を、無理もないことだと受け入れれば、それだけで、本人はかなり楽になるのです。

ただし、いきさつを知ることに、マイナスもあります。

それは、例《たと》えば、親が、自分が大きな原因だった、と知るとします。それによって、本人を責める気持ちが少なくなるのはいいのですが、今度は自分を責めだして、すべて自分のせいで、この子をこんなにしてしまった、と思うと、本人に対して、後ろめたさを感ずるようになります。この気持ちがあまり強すぎると、完全に本人の言いなりになってしまい、時には断固、断らねばならない時でも、断ることができなくなります。本人の自立のために必要なことも、言えなくなります。そして、周囲にもひた隠《かく》しにして、ひたすら、自分一人で抱《かか》え込《こ》もうとします。

これは、決してよいことではありません。過《あやま》ちは過《あやま》ちとして認めながらも、本人の回復のために必要なことは、親としてきちんと伝えることが大切でしょう。

●すでに傷ついている子を、もうこれ以上傷つけない

二番めに、大切なことは、すでに傷ついている子を、もうこれ以上、傷つけない、すでに疲れている子どもを、これ以上、疲れさせない、ということです。

ところが、骨折している人に、走れ走れ、という人は誰《だれ》もいませんが、心の場合には、すでにずたずたに傷ついているのに、その傷口に塩を塗《ぬ》るような人が、後を絶《た》ちません。ですから、こういう人の対応で、まず絶対的に必要なのは、当たり前のことですが、これ以上傷つけない、ということです。

相手の心を傷つける、最たるものは、言葉

これは、簡単なようで、なかなか難しいことです。本人を元気にする言葉は、なかなか見つかりませんが、傷つける言葉は山ほどあります。私が精神科医として、最初に心がけたことは、まず、これ以上、患者さんを悪くする言葉は言わない、ということでしたが、それをマスターするだけでも、数年かかりました。それでも今も、時々、患者さんを傷つけるようなことを言ってしまいます。申し訳ない限りです。

心を傷つける、最たるものは言葉です。言葉は、相手の心に元気を与えもし、傷つけもします。私たち精神科医やカウンセラーは、言葉を、くすりとして用いる仕事をしています。これを精神療法（サイコセラピー）といいます。

くすりですから、作用もあれば、副作用もあります。言葉によっては、強い副作用を持っている言葉もあります。

●傷ついている人や疲れている人への禁句「もっとがんばれ」「甘えるな」「それは逃げだ」「気の持ちようだ」……

薬の副作用や、食品の添加物《てんかぶつ》の毒性を心配する人は多いですが、言葉に副作用がある、ということを知る人はあまりありません。しかし、私に言わせれば、時として、言葉の副作用は、薬の副作用とは比較にならないくらい毒性を発揮します。しかも、薬の副作用は、臨床試験《りんしょうしけん》によって、ある程度チェックされていますが、言葉の副作用は、誰《だれ》もチェックしません。野放し状態です。この言葉の副作用で、どれだけの子どもが、傷ついているか、ということを私たちはもっと知るべきだと思います。

特に、副作用の強い言葉は、「もっとがんばれ」「甘えるな」「それは逃げだ」「もっと苦労している人もあるんだ、おまえなんかまだましなほうだ」「気の持ちようだ」「単なるわがままじゃないか」「もっと強くなれ」「君にも悪いところがあったはずだ」という言葉です。

　こういう言葉は、相手の状況を把握《はあく》して、適切なタイミングで言うならば、確かに有効な場合もあります。

　しかし、相手の気持ちもいきさつも十分知らないで、安易に使うと、大変な毒性を発揮します。特に、傷ついている人や、疲れている人には、禁句といってもいいくらいで、この言葉一つで、相手の心を叩《たた》きつぶす場合さえあります。少なくとも、私の場合は、とても使いこなす自信はないので、ほとんど使うことはありません。

「がんばる」とか、「甘えちゃいけない」「逃げちゃいけない」という言葉は、言うとするなら、むしろ、本当に回復してきた時に、自分が、自分に対して、言う言葉だろうと思います。

2 ある不登校生の体験談

いじめや、学校へ行けないつらさ、心の傷からどうして立ち直ることができたのか

不登校については、私は、基本的には病気ではないのだから、必ずしも医療機関《いりょうきかん》で関《かか》わるべきものではない、という考えがまずあります。しかし、親御《おやご》さんは、アドバイスを求めて来られるので、その場合は、親自身の苦しみを何とかしましょう、ということで、相談に応じています。

不登校については、今まで、さまざまなことがいわれています。その中には、本当のこともありますし、ウソもあります。

迷ったら、「子どものことは、子どもに聞く」。これに限ります。

まず、一人の不登校経験者の体験談を聞いてもらいたいと思います。

これは、NPO法人子どもの権利支援センターぱれっとが富山県のJR小杉駅前に開設している子どもの居場所《いばしょ》「ほっとスマイル」を利用した子どもが、ぱれっと主催のイベントで発表した内容です。

＊　＊　＊

僕《ぼく》は現在中学二年生の十三歳です。今日は僕《ぼく》がどうして心のリハビリをしなければならなかったのか、どういうふうにリハビリをしたのか、どう感じ、思い過ごしていたのかを、僕《ぼく》の五年間を振《ふ》り返《かえ》りながらお話ししたいと思います。どうか聞いてください。

小学校三年生、まだ元気な頃《ころ》の僕《ぼく》は、休み時間になると友達と汗を搾《しぼ》りながら、時間ぎりぎりまで走り回っていた。休み時間と、体育の時間と給食が大好きだった。その一方、とても不器用《ぶきよう》で、何をするにもとっても時間がかかり、人の二倍、三倍、それ以上の時間と努力が必要だった。勉強は当然得意でなく、好きではありませんでした。そんな僕《ぼく》を一、二年生の担任の先生は、励まし最後まで見放さないで、応援してくださいました。僕《ぼく》もそれに応《こた》えたいと一生懸命《いっしょうけんめい》にがんばりました。

三年生になると、勉強の苦手《にがて》な僕《ぼく》は、答えがなかなか分からず、算数の時間によく教室の後ろに立たされた。分かった人から席に戻《もど》れるのですが、僕《ぼく》はずっと一人で立っていることが多かった。分からない僕《ぼく》に先生は、両肩をつかんで「なぜ分からないんですか○○さん」と、皆の前で繰り返し繰り返し言って何度も肩をゆすった。

不器用《ぶきよう》な僕《ぼく》は音楽の時間も例外でなく、穴がいくつもある笛を吹くのが、とても大変だった。家でも毎日練習したがなかなか皆のようにできなかった。

そんな僕《ぼく》に「なぜ皆にできることが、あなたにはできないの」と、体を叩《たた》かれたこともあった。歌が下手《へた》だ、どうしてそんな声しか出ないのと。僕《ぼく》はどうしてよいのか、分からなくなった。

しまいに何をしてもだめだと言われた僕《ぼく》、「あなたのような子どもは、私のクラスにいりません」と言われた僕《ぼく》は、「できなかったらどうしよう」「今度何をしたら先生に言われるんだろう」「いつクラスからいらないと言われるのか」と、何をするにもいつも緊張《きんちょう》して、不安で心も体もビクッとするようになった。

僕《ぼく》は、先生の声が聞きたくなくなった。だんだんと先生の声が聞こえなくなった。教室の自分の席に座っていることができなくなった。

そんな中、一番つらかったのは、先生にずっと無視されていたことでした。注意をする以外は、何を言っても相談しても、顔を横にしたまま僕《ぼく》の顔を見ることはありませんでした。人に無視されることほど、きついことはなかったです。

先生からいろいろと言われるようになると、友達の中でも「できない」「バカ」と言われるようになった。クラスの張り物の自分の名前の横に「バカ」と書かれていた。そんな所に通うのはつらかった。同時に、ターゲットゲームや戦いごっこという名のいじめが始まった。

僕は先生に何度も助けを求めた

ターゲットゲームとは、一人ターゲットを決め、その一人を徹底的に仲間外れにするゲーム。戦いごっことは、最初は円陣の中で一対一で戦っていたのですが、そのうちに、一対、複数になった。皆、自分がやられるのでないかと必死だった。ごっこというかわいい名前とかけ離れ、それは、殴《なぐ》り合《あ》い、蹴《け》り合《あ》い、噛《か》まれたこともあった。噛《か》むほど必死なものだった。

「このバット使ってもいいの」の相手の声は本当に怖《こわ》かった。毎日毎日こんなことが繰り返された。しまいに、一番仲のよかった友達も、いじめの中に加わった。こたえた。

僕《ぼく》は、先生に助けてくださいと何度も何度も言いに行った。でも先生は、「あなたの気のせいじゃないの」「あなたが弱いからじゃないの」「気にしすぎじゃないの」「子どものことは、子どもで解決してください」と、何を言っても、何回相談に行っても顔をそむけたまま話を聞こうともせず、何もしてくれなかった。

トイレに閉じこめられたり、大切にしていた自分の本が、トイレにビチャビチャで見つかったり、まだまだ細かいことを挙げるときりがないほど、いろいろなことがありました。何度も先生に助けを求めに行ったけど、だめだった。

先生に話を聞いてもらえなかった僕《ぼく》は、保健室へ行った。

保健の先生に会うとほっとした。「どうしたの」と聞かれる保健の先生に僕《ぼく》は、「体でなくて、心が疲れてつらい」と言ったそうです。

ベッドに横になって、これからどうしようかということを一生懸命《いっしょうけんめい》に考えた。自分は学校で独《ひと》りぼっちでどうしようとずっと考えていた。先生にどうしたら自分の話を信じてもらえるのか考えた。そんなことを考えていた保健室での、ほんの数回の時間も終わった。

担任の先生が、「なぜ、どうして保健室へ行くのですか」と何度も何度も聞いてくるようになった。しまいに僕《ぼく》は、学校で唯一ほっとできた保健室にも行けなくなった。ほっとできる場所をなくした僕《ぼく》だったが、いじめは毎日容赦《ようしゃ》なく行われた。毎日繰り返されるいじめの中で、どうしよう、どうしようと考えていました。このままでは学校に行けなくなる、そんなことは嫌《いや》だと思った。


僕《ぼく》は二年生の時の、大好きだった担任の先生に、いじめのことを相談しようと職員室に先生を探しに行った。その後、今の担任の先生に呼び出され、他の先生に何でも言ってもらっては困る。言ってはいけない、お母さんにも同じだと言われ、口止めされた。その当時の小さな僕《ぼく》は、先生の言うことが絶対だと思っていた。先生が怖《こわ》かった。先生にそう言われると僕《ぼく》は、もう誰《だれ》にも何も言えなくなってしまった。

そしていじめは、ますますエスカレートしていった。もうギリギリまで来た僕《ぼく》は、これ以上耐《た》えることができないところまで来た。

最後にもう一度、先生に相談した。無駄《むだ》だった。

僕《ぼく》の話を信じようともしなかった。いじめている子どもたちだけに話を聞いて、多数の意見が正しいのに決まっていると言った。絶望しました。いじめられていることもつらいことだったけど、本当につらかったことは、先生に信じてもらえず、何もしてもらえなかったことでした。いじめは解決しないにせよ、先生が手を差し伸べてくれたらどんなにか救われたか分かりません。僕《ぼく》はゴミ箱にポイと捨てられた、気持ちでした。

そして三年の二月、「あんな恐ろしい所へは行きたくない」とポンと両足を投げ出して母さんに言った。母さんは、すぐに「分かった」と言った。

もう笑うことも、泣くこともできない……

それからの僕《ぼく》はというと、体に力が入らず、起き上がることもできなくなった。今まで簡単にできていたことが、全くできなくなった。心と体から、生きていく力がなくなってしまう感じがした。何を見ても何も感じず、大好きな食べ物を食べても何の味もせず、ある日を境に、道ですれ違うだけでも、何かされるんじゃないかと恐怖《きょうふ》におびえるようになった。人の中にいることが、できなくなった。今まで楽しくてならなかった場所も、学校も怖《こわ》くて、いることができなくなった。人が怖《こわ》くなった。自分の世界が、百八十度変わってしまった。変わってしまった自分が、これからいったいどうなるのか不安で、とても怖《こわ》かった。僕《ぼく》は、笑うことも泣くこともできなくなってしまった。

春が来て、僕《ぼく》は四年生になった。僕《ぼく》はどうしても、元通りに学校へ行きたかった。僕《ぼく》はつらい所へ、がんばって出向いたら治ると信じて、学校へもう一度出向いていった。学校へ出向いて、ただいるだけでもとてもつらく体はフラフラになった。

人への恐怖《きょうふ》から、体中が焼けるように熱くなり、心臓が止まってしまうんじゃないかと思うほどになり、人の声が襲いかかってくるかのように大きく聞こえ、鉛《なまり》のように体が重く、恐怖《きょうふ》のあまり今にも大声を出したくなる自分と必死に戦いました。もういるはずもない前担任の先生に、いつも見られているような、そしてあなたはもうだめだと言われ続けているような感覚に苦しみました。

家でも毎日眠れない日が続き、悪夢にうなされながら汗だくになり、悪夢から逃れるために眠ることを我慢《がまん》した。学校へ行っているだけでも必死だったが、まだまだ不登校や、心の病の理解がない学校では、大変でした。

ある日突然変わってしまった自分を、自分が一番戸惑い、受け入れることが大変だったので、周りの、知らない人にとっては当然のことだったかもしれません。が、知らない、理解がないということは恐ろしいことで、甘えている、もう治らないんじゃないか、迷惑だ、などの言葉を次から次へと浴びせた。なかなか教室に行けない僕《ぼく》は、無理やり教室に腕をつかまれ、引きずられたことも多々あった。

僕《ぼく》はなまくらでもなく、甘えでもなく、本当につらかった。

こんな体になって、こんなふうにしか生きていけないのであったなら、死んだほうがましだと思った。心の病気は、体の病気と違って、なんて世の中に理解がなく、なんて損なんだろうと思った。理解なく僕《ぼく》にかけられた言葉は、それはまるで、手術後にすぐ「普通に生活しなさい」、骨折してすぐに「全力で走りなさい」と言われるのと同じことと思った。

そんな僕《ぼく》が少しずつ元気を取《と》り戻《もど》し、未来に少し希望が持てるようになったのは、僕《ぼく》の家族とカウンセラーの先生と、ほっとスマイルでした。

◉学校に行きたくても、行けなかった日々

僕《ぼく》が母さんとカウンセラーの先生の所に行って、もう五年がたちました。

自分のこと、自分のつらさを、分かってくれる人はいないと思っていた僕《ぼく》でしたが、先生は根気よく僕《ぼく》の話を聞いてくださった。先生に苦しいこと、悲しいこと、つらいことを聞いてもらって、話しているうちに、気持ちが楽になり、心が落ち着きました。なかなか、周りから理解されなくつらかったこともたくさんあったけど、先生はいつも温かく、「大《だい》丈夫《じょうぶ》だ」「きっと治る」と励まし続けてくださいました。

その先生から勧《すす》めていただいて、ほっとスマイルのことを知りました。

ほっとスマイルに通うようになったのは、小学校六年の頃《ころ》からでした。始めの数回を母さんと練習がてら行きました。自宅から小杉まで一人で行くことは、すごく大変で勇気のいることでした。僕《ぼく》は、ほっとスマイルまで電車で行くまでに、二つの自信をもらいました。

一つめは、富山駅で乗り継ぎをすることが多いのですが、小杉行きの電車を待っている

時に、時々警察官から職務質問をされます。
「ちょっと君、このような時間にどうしてこのような場所にいるのかな」というようなことを聞かれます。そんな時僕《ぼく》は、深呼吸して堂々と、事情があって学校に行けなくなったこと、「今、人の中でちゃんとやっていけるように、小杉にあるほっとスマイルに通い、リハビリをしているんです」と答えた。そして自分の学割《がくわり》の定期を見せました。すると、お巡りさんは「そうですか、それは失礼しました。がんばってください」と言って、パトロールに戻《もど》っていきました。

こんな時間にこの子、どうしたんだろうという人の視線や、警察官の人から質問を受けることは、決してうれしいことではないけれど、しっかりと話すことができた自分に、自信が持てたことが、とてもうれしかった。

もう一つの自信は、人への恐怖《きょうふ》の克服です。電車などの人がたくさんいて密閉されたような所にいると、人が怖《こわ》くて怖《こわ》くて今にも倒れそうになります。電車に限らず、いろんな場所で、克服に向けて、何回も何回も挑戦してきました。ラーメン屋では注文して食べ物

が運ばれるまでの、ほんの少しの時間もいることができなかったり、遊園地も行ってはみたものの、だめだったりでした。

でも僕《ぼく》は、あきらめずに挑戦し続けました。少しずつ挑戦することによって、少しずつできるようになりました。

人が怖《こわ》くなく、電車に乗っていることができるようになったことに、とても自信がつきました。「バンザイ」と大きな声で叫びたいほどでした。

ほっとスマイルに行くまでの間も、僕《ぼく》にとってとっても貴重な体験でしたが、今僕《ぼく》は、ほっとスマイルに行って本当によかったと心から思っています。

学校に行きたくても行けなくなった僕《ぼく》は、家にいていったい何をしていけばよいのか、これからどうしていこうかと、とても不安になった。ポンと外に放《ほう》り出《だ》された気持ちだった。悲しいことに、家族以外の所に僕《ぼく》の居場所《いばしょ》はありませんでした。

初めて僕《ぼく》は、ほっとスマイルに母さんと見学に行った。学校に行けなくなって、いろいろな人から白い目で見られていた僕《ぼく》は、自分を受け入れてもらえるのかと、とても不安で緊張《きんちょう》した。体がガチガチでした。そんな僕《ぼく》の不安をよそに、当時のセンター長は、マグカップを片手に部屋を案内してくれて、「自分の好きなように、楽にしていていいんだよ」と言われた。大げさでも特別でもなく、自然にそう言ってくれました。

僕《ぼく》は、「このままのあなたでいいんだよ」「ここにいていいんだよ」と言われているような気持ちになった。家族以外の人の輪の中に、自分の居場所《いばしょ》ができて、本当にうれしくなった。

誕生日には、スタッフがケーキを焼いてくれて皆で祝ってくれた。僕《ぼく》は本当にうれしかった。僕《ぼく》がほっとスマイルで学んだことは、人を気遣《きづか》い、思いやることでした。ほっとスマイルのスタッフの人たちは、温かく僕《ぼく》を見守ってくださって、とても安心していることができました。

通い始めの頃《ころ》は、いろいろな人の中に、ただいるだけで疲れてしまいました。でも温かいこの居場所《いばしょ》へ、がんばって通うことができました。これもスタッフの方々と仲間のおかげです。ありがとう。

何よりここへ来てよかったと思えることは、多くの仲間との出会いでした。そして僕《ぼく》に友達ができたことでした。友達とい

ろいろ話したり、思っていたことを言ったり、言われたりするのが、うれしくてうれしくてしかたがありませんでした。

「ここにいていいよ」と言われて居場所《いばしょ》ができた僕《ぼく》は、「生きていていいんだよ」と言ってもらえた気持ちがしました。僕《ぼく》に家以外の居場所《いばしょ》と友達ができた。それは生きる力と勇気と希望をもらった。

そして家族からもらったものも、いっぱいありました。両親、兄弟、祖父母、皆に温かく見守られここまで来ました。

お母さんへ

今日はお母さんたちがたくさん来られると聞いたので、母さんのことを話します。僕《ぼく》は、母さんにいろいろと感謝しています。母さんは、調子が悪く、生きていく力を失った僕《ぼく》を、人目を気にせずにどこへでも連れていってくれました。夜中だろうが、いつだろうが、いつも笑って話を聞いてくれました。僕《ぼく》のために、理解してくれない学校に毎日行って訴え続けてくれました。

だめになりそうな僕《ぼく》に、母さんは「何があっても大丈夫《だいじょうぶ》だ」と、「どんなことがあっても、とことん付き合う」「一緒《いっしょ》だ」と、「どんなふうになっても変わらず大好きだ」と、そして、きっと治ると言い続けてくれました。今でもです。

僕《ぼく》の母さんは、心の病気の経験者ではないので、理解できないことや、しづらいことがたくさんあったと思うけど、僕《ぼく》の心を、心から分かろうとしてくれた。僕《ぼく》は母さんといろいろなことを乗《の》り越《こ》えてきました。母さんがいてくれたからつらいことも乗《の》り越《こ》えられました。母さんは、どんな時もそのまんまの僕《ぼく》を受け止めてくれた。

今、思えば母さんも心配なこと、不安なこと、悲しくつらいこともいっぱいあったと思います。だけど僕《ぼく》の前では一度も泣いたり、学校に行けなくなった僕《ぼく》を責めたりしたことがなかった。母さんはいつも笑っていた。僕《ぼく》の心はいつも母さんに救われていました。


自分の未来に何の夢も、希望もなく、死んだほうがましだと思った僕《ぼく》でしたが、いろいろな人たちのおかげで、生きる力をもらいました。やがて自分も、人の力になりたいと思えるようになりました。

僕《ぼく》にも将来の夢ができました。できれば僕《ぼく》も、いつかカウンセラーの先生のような、人の心に一生懸命《いっしょうけんめい》な心の医者になりたいです。そして僕《ぼく》みたいに苦しんでいる人を、一人でも多く一生懸命《いっしょうけんめい》に助けられたら、幸せになる手伝いがしたいと思っています。

ただ今、ほっとスマイルでリハビリ中の僕《ぼく》は、五年という月日をへて、楽しい場所で心から楽しめるようになったり、外での食事では、おいしい物を味わって、おいしいなと思いながら、家族とゆっくり話しながらできるようになりました。とてもうれしいです。

まだまだ僕《ぼく》の挑戦や、リハビリは続きそうです。僕《ぼく》は最後まで目標を忘れず、あきらめず、焦《あせ》らずにゆっくりと僕《ぼく》らしく生きていこうと思います。

自分で死ななくちゃならない世の中でなくなりますように

今日は僕《ぼく》の話を聞いてくださった皆さん、ありがとうございました。

今僕《ぼく》は、当たり前だと思われることができることのうれしさと、ありがたさを感じながら生きています。まだまだ、できなくなったことが、できるようになるようにリハビリに挑戦していきます。

今日は僕《ぼく》の話を聞いてくださった皆さんに、お願いがあります。

今日の話で、少しでも学校に行けなくなった子どもの気持ちや、不便さ、大変さを理解していただけたなら、とてもうれしいです。いじめなどのつらい目に遭《あ》うと、生きていく力がなくなって、自分で自分の命を絶《た》たなければならなかった人も、たくさんいます。本当につらく悲しいことです。

また、僕《ぼく》のように心に傷を持ちながら生きている者も、元の自分に戻《もど》るまでには長い年月と、死んだほうが楽だと思えるくらいの苦しみを、乗《の》り越《こ》えていかなければならないのも事実です。でも残念なことに、あまりその事実を知られていないのも事実です。現在、まだまだ僕《ぼく》のような立場の人間の理解が少ない世の中です。

一人でも多くの方々が理解してくださって、僕《ぼく》たちのことを温かく見守ってくださり、応援してくださったら、ありがたいです。そんな、世の中になったら、きっと、いじめも少なくなり、自分で死ななくちゃならない世の中でなくなると思います。そんな世の中になってほしいです。

自分以外の人のことを思い合い、助け合える。そんな世の中になるように、皆さんの力をどうか、貸してください。お願いします。

終わります。

③

不登校、引きこもりへの対応

本人は「病気じゃない」と言いますが、それは間違いではありません

不登校、引きこもり状態への対応について、私の考えを述べます。

まず、不登校に先立って、「さみだれ式」といって、行ったり行かなかったり、遅刻したり、という時期があることがあります。この時期は、疲れている時には、たまには、学校を休ませて、ゆっくり休養を取らせるとか、友人関係でつまずいている場合は、話を聴くとか、という対応でも、また行きだす場合があります。

また、完全に休むようになると、先生にも会えなくなることが多いですが、この時期には会えますし、学校の先生の家庭訪問も、有効です。自宅でゆっくりと話を聴くことで、いじめなどの事実が明らかになることもあります。

しかし、どれだけこちらが働きかけても、どうしても行けなくなる場合があります。その場合には、「行かないのではなくて、行けないのだ」といったん、現実をきちんと受け止める必要があります。そこからの対応が、私は重要だと思っています。

たいてい、この時点で、私のところに相談があります。そして、「何とか本人を、連れてきます」と言われます。それに対して、「本人は、同意していますか。同意しているならいいですが、もし、本人が嫌《いや》がっているなら、決して本人は連れてこないでください。あくまで、親御《おやご》さんの悩みについての相談、ということで、親御《おやご》さんのカルテを作ります」と伝えています。多くの場合、本人は、病院に来ることを拒否します。そして、「俺《おれ》は、病気じゃない」と言います。それはそれで、間違ってはいないのです。

① 家族全員が、本人の現状を、百パーセント認める

当分の間、学校へ行けそうもない、と覚悟《かくご》したら、その時点で、親は、百八十度、頭を切《き》り替《か》えることが必要です。すなわち、本人の現状を、百パーセント、認めていく、とい

うことです。今以上のレベルを期待しない。指示、提案、干渉《かんしょう》を一切しない、ということです。

具体的にいうと、「もっと、○○したら？」とか、「どうして○○できないの？」とか、「みんなは、○○しているのに」とか、「いつになったら○○するの？」とかいう言葉を、一切使わないようにします。使わないだけでなく、心でも思わないようにします。それも、家族全員がそのように、気持ちを切り替《か》えるのです。

学校へ行けなくなった時点で、本人は、とにかくとことん疲れているのです。生きているだけで精一杯《せいいっぱい》なのです。なりたくてなったのではないのです。そうなるだけの十分な事情があってなったのです。

その状態に対して、「もっと」とか、「どうして」という言葉をかけることは、本人が生きていることさえも否定することになり、「じゃ、こんな自分は、死ね、ということなんだな」と思ってしまいます。

心でも思ってはいけない、というのは、心で思うと、必ず、表情や態度に出るからです。親の深いため息さえも、この時期の子どもを打ちのめすには十分です。

朝起きてこなかったら、起きてこれないんだな、と認める。ゲームばかりしていたら、ゲームで気晴らしするしかないんだな、と認める。一切、外出しようとしなければ、外出する元気もないんだな、と認める。

家族全員が、この状態を百パーセント認める、というのは、極めて難しいことはよく分かります。しかし、本人の疲労を回復させるには、どうしても必要なことなのです。

自分の身に引き当てて考えてほしいのです。例《たと》えば、奥さんが、自分なりに精一杯《せいいっぱい》やっているのに、お姑《しゅうとめ》さんや、夫から、毎日のように、「もっと、ちゃんと掃除《そうじ》をしないか」「どうして、もっとおいしくご飯《はん》を作れないんだ」と、責められ続けたらどうでしょう。言葉には出されないとしても、露骨《ろこつ》にそんな雰囲気《ふんいき》を作られたらどうでしょう。

また、お父さんなら、会社で上司から、「もっと、早く仕事をしないか」「どうして、こんなことさえできないんだ」と毎日のように言われたら、どうでしょう。これを、針のムシロ、といいます。こんな状況では、どんなタフな人でも、精神的にどんどん追《お》い詰《つ》められていきます。

② 子どもに、こちらから声をかけていく。ちょっとしたことでも「ありがとう」と言っていく

百パーセント、本人の状態を、心から認めていくこと。それができたら、さらにもう一つ、親御《おやご》さんにお願いしたいことがあります。それは、子どもに、こちらから、声をかけてほしいのです。それは、最初は、「おはよう」とか、「おやすみ」とか、「ただいま」とか、挨拶《あいさつ》だけでいいのです。一切、会話がなくなると、親は、自分に腹を立てているのだ、と子どもは思います。普通に挨拶《あいさつ》することで、別に怒っていないよ、ということを伝えていくのです。

そして、少し本人が動けるようになって、本人が少しでも、家のことを手伝ってくれることがあったら、ゴミ出しとか、食器を洗い場に持っていくとか、ちょっとしたことでも、「ありがとう」と言ってほしいのです。こちらから、あれして、これして、とは言いません。あくまで、本人が自主的にやったことに対して、ちょっとしたことでも、「ありがとう」と言っていくのです。「こんなに疲れ切っているのに、よくやってくれたね」という気持ちです。これが、本人に、自分は、この家にいていいんだ、という安心感を持たせる

ことになります。

よく、子どもには、学校に行けとか、その他、指示や提案、責めるようなことは一切言わないでください、というと、子どもに一切、言葉をかけなくなる親御《おやご》さんがあります。それは、言うのを我慢《がまん》しているだけで、心の中は、子どもに対して、不満や怒りでいっぱいになっています。

そういう状態では、やはり、子どもは、責められていると雰囲気《ふんいき》で察知して、なかなか回復してきません。子どもがこうなるのは、よくよくの事情があったんだ、と理解することが大切です。

③子どもから話をしてきたら、一切、否定せずに聴く

このようにして、親が、一切、子どもに余分なことを言わず、子どもが少しずつ動くようになってくると、子どものほうから、親に話をしてくるようになります。そうしたら、それを、一切、否定せずに、「そうか、そうか」「ふーん、そうなんだ」と聴きます。しっ

かり聴いていると、さらに、子どもからの話しかけが増えてきます。

そのうちに、次第《しだい》に、今まで学校でつらかったことなどを話してきます。それも、「そうだったの。それは嫌《いや》だったね」と聴いていきます。この時に大切なのは、「能動的な聞き方」ということです。ただ、ふんふん、と聞くだけでなく、大きくうなずく、相手の言葉を繰り返したり（そう、筆箱《ふでばこ》も隠《かく》されたんだ）とか、気持ちを言葉にする（それは、悔《くや》しいよね）とか、正当化（そんなことされて、腹立つのは当然だよ！）などの言葉を返していく、ということです。

聞く、ということは、受動的な行い、と思いがちですが、こちらが、相手の気持ちに添《そ》って、積極的に、反応していくことで、相手の話を、どんどん引き出すことができるのです。これを、「能動的な聞き方」といいます。

そのように話を聞いていくと、ますます、子どもは、話をするようになってきて、今度は、学校だけでなく、親から受けた、過去のつらいことを話してくることがあります。「あの時、お母さん、こんなこと言ったんだよ」。親はほとんど忘れていますが、この場合、子どもの記憶《きおく》のほうが、まず正しいです。

そう責められたら、「そんなこと言ってない！」とか、「あんたが悪いからじゃないの！」とか、逆ギレせずに、「そう、それは本当に悪かった」と率直に謝《あやま》ります。そのうえで、それは誤解だ、ということがあれば、「ただ、あなたはそういう意味でとったかもしれないけど、お母さんは、こういう意味で言ったのよ」と言います。

そうするうちに、本人は、初めは、自室にこもりきりだったのが、だんだん、台所や、居間に出てくるようになります。本人の声も大きくなり、表情も明るく、活気が出てきます。

よく、どんどん自室にこもるようになって、やがて一切、一階に下りてこなくなり、しまいには、ドアに鍵《かぎ》をかけてしまう、ということがありますが、それは、たいてい、こちらが、本人を責め続けている、指示、提案、干渉《かんしょう》など、本人を否定する言動を続けていることの結果です。本人が引きこもるのではなく、こちらが追《お》い詰《つ》めているのです。本人が、自分を守る手段として、そうなるのは、当然のことです。

このようにしていくと、学校や親に対する不満も一通り言い終わり、家にいる限りは、極めて明るく元気、という状況になります。家が、真に本人の居場所《いばしょ》になった時です。まずは、ここまで状況を変えていくのが、第一段階です。

ただ、ここでは経過を、かなり簡潔に書きましたが、実際は、大変な労力と時間を必要とすることも多いです。

④ 今後のことは、あくまで本人の選択に任せる。親から指示、提案はしない

次に、第二段階ですが、第一段階をクリアした時点で、本人は、少しずつ、今後のことを考えるようになります。最初、疲れている時には、とても今後のことなど考えられない心境でしたが、元気になるに従って、今後のことを考えだすようになります。

それは、とりあえず、バイト、ということかもしれないし、塾《じゅく》や家庭教師、ということかもしれません。もう少し元気になってきたら、学校に戻《もど》るのか、別室登校か、中退するのか、適応指導教室に行くのか、フリースクールに行くのか、という話が出てきます。

ここで大切なのは、親は、せいぜい情報を提供する程度で、あくまで本人の選択《せんたく》に任《まか》せる、ということです。「ここへ行ったほうがいいよ」などの、指示、提案は、この時もしません。本人に意見を求められた時だけ、「私はこう思うけど」と言っていいのです。

このあとの進み方は、いろいろな対応が考えられますし、偶然《ぐうぜん》の作用する部分も大きいです。一人一人違うので、マニュアル的に述べることはできません。

一ついえるのは、そういう場所に本人を引き出してくれるのは、たいてい、親ではない、ということです。それは、塾《じゅく》の先生だったり、友達だったりします。親以外の人間関係を、いかに作っていくか、ということが大切なポイントではないかと思います。

ある不登校の経験者は言いました。自分を本当に元気にしてくれたものは、親でも先生でも、医者でもカウンセラーでもなく、友達だった、と。

そのためには、地域として、子どもの安全な居場所《いばしょ》を、作っていく必要もあると思います。家や、学校で、多くの傷を受けた子どもに、安全で、ありのままで居ることが認められる場所。そして、いろんな仲間と出会える場所。

それは、現実の場所だけに限りません。ＮＰＯ法人子どもの権利支援センターぱれっとでは、富山大学工学部教員の協力のもと、「インターネット上の居場所《いばしょ》」として、相談掲《そうだんけい》示板《じばん》※を開設しています。システム上の工夫により、一切の誹謗中傷《ひぼうちゅうしょう》を排除《はいじょ》し、安全性を保障し、年間約千件の相談や回答が書き込まれます。

書き込みの中には、管理者だけでなく、子どもからの回答もあり、子ども同士の交流、ピア・サポートの場となっています。

不登校がこれだけ増えた今、子どもの最善の利益を守るためにも、国や自治体は、学校だけでない、多様な学びを保障し、交流できる場所を、本気で考えるべきだと思います。

※相談掲示板アドレス　http://hotsmile.u-toyama.ac.jp/

4 不登校は、「心のサーモスタット」が切れた状態。これ以上、心が壊れるのを防ぐための、自然な、正常な反応です

「不登校」という現象自体、私は決して、マイナスばかりとは思っていません。

確かに、学業や進学の面で、不利な面があることは否《いな》めませんが、それ以上に大切なものを与えてくれることがあるのです。

私は、不登校を「心のサーモスタット」が切れた状態、と表現することがあります。

電気こたつや、ヒーターなどには、サーモスタットという物があります。温度がある一定以上になると、自動的にスイッチが切れ、温度を下げます。そして温度がある一定以下になると、またスイッチが入ります。

もしサーモスタットが働かなかったら、どんどんオーバーヒートして、電気器具は壊《こわ》れ

てしまいます。場合によっては、家全体が火事になってしまうこともあります。

ですから、サーモスタットが正常に作動することは、器具にとって、あるいは家にとって、とても大切なことなのです。

私たちの心や身体《からだ》にも、サーモスタットという物があります。あまりに心身の過労《かろう》が続いた場合は、微熱《びねつ》が出たり、全身がだるくなったり、うつや不安という症状《しょうじょう》を出して、心身の休養を求めてきます。それによって、私たちは、心身がそれ以上ダメージを受けるのを防いでいるのです。

学校へ行けなくなった、というのも、子どもの心の疲れが、ある限度を超《こ》えてしまったために、心のサーモスタットが切れて、学校へ行けないようにしているのです。それによって、それ以上、心が壊《こわ》れていくのを防いでいるのです。

そういう意味では、学校へ行けない、という反応は、子どもの状態からすると、自然な、正常な反応です。むしろ、そういう自然な反応ができない状態、ひどいいじめを受け続けているのに、それでも学校へ行き続ける、とか、心身が過労状態《かろうじょうたい》にあるのに、一種の麻痺《まひ》状態《じょうたい》で学校に行き続けることのほうが、医学的には心配なことがあるのです。

実際、不登校の子どもさんを、われわれ精神科医が診察すると、親御《おやご》さんの心配に比べて、精神科的には、そんなに重くはない、という印象を持っています。

高校の卒業式が終わった翌日から、激しい家庭内暴力とともに摂食障害《せっしょくしょうがい》を発症《はっしょう》した、ある十八歳の女性は、後に、「私は不登校さえもできなかった」と語りました。

家で父親からしょっちゅう殴《なぐ》られていたために、学校でいじめを受け続けていても、「学校を休みたい」と言うことすらできなかったのです。

ですから、学校へ行きたくない、と言いだしたら、子どものＳＯＳを示すサインとして、大切にしなければなりません。

サーモスタットが切れたのに、「どうして切れるんだ」と怒って、無理やり電流を流し続けたらどうなるでしょうか。器具はオーバーヒートして、壊《こわ》れてしまうだけです。

どうしても学校へ行けない、という子どもを、怠《なま》けやわがままとしか考えず、強制や威《い》嚇《かく》で行かせ続けたら、どうなるでしょう。子どもはどんどん追《お》い詰《つ》められて、微熱《びねつ》を出したり、パニックを起こすようになり、やがては、自殺を図《はか》ろうとします。

また、子どもの不登校は、家族内のコミュニケーションがうまくいっていない反応として出てくることもあります。家族の一人が専制君主のようにふるまっていて、周囲みんながビクビク我慢《がまん》している、とか、家族の中でケンカが絶《た》えない、など。そういう家族内でのストレスのしわ寄せが、一番敏感な子どもに出てくることがあります。

その場合は、不登校をきっかけとして、家族の関係を見直すことで、子どもだけでなく、家族みんなが楽になることもあります。

その意味で、不登校というのは、決してマイナスばかりではなく、人間にとって最も大切な、健康とか、家族の絆《きずな》、といったものを取《と》り戻《もど》してくれる、豊かな恵みを持ったものでもあるのです。

実際、子どもの不登校を経験した家族が、振《ふ》り返《かえ》って、「この子が、不登校をしてくれたおかげで……」と、語る例は、決して少なくありません。

子どもへの不満やいらだちが、いつしか、子どもへの感謝に転じているのです。

7章

いじめられている人は、
ものすごくつらい中でも、
必死に耐えている、
本当にりっぱな人です

①

「いじめられるおまえも悪いんだ」「おまえも言い返さないから悪い」とは、絶対に言ってはなりません

多くのいじめ体験に共通することがあります。

まず、いじめは、いじめている人にとっては遊びかもしれませんが、いじめられた本人にとっては、ものすごくつらい、場合によっては自殺さえ考える、とてもつらいものであること。その苦しみは、いじめられなくなって何年もたっても、癒《い》えない場合もあること。

その一方で、いじめは、親にも、先生にも、とても言いづらいものであること。親に言えない理由の第一は、親を傷つけたくない、心配かけたくない、という気持ちです。こんなつらい目に遭《あ》ってもなお、親のことを気遣《きづか》う、彼らの優《やさ》しさに胸が痛みます。

また、言えない理由として、自分がいじめられているなんて恥ずかしいから、みじめだから、というのもあります。

決して恥ずかしいことではなく、むしろ、いじめるほうが恥ずべき行動をしているのに、いじめられている人は、いじめられている自分が恥ずかしい、と思うのです。自分が弱いからだ、言い返せないからだ、自分の性格が悪いからだ、暗いからだ、と自分を責めています。

ですから、いじめられている人に、いきなり、

「いじめられるおまえも悪いんだ」

「おまえも性格を直さないといけない」

「おまえも言い返さないから悪い」

とは、絶対に言ってはならないことです。そういう人は、暴力というものが（体の暴力でも言葉の暴力でも）、どれだけ、相手の抵抗《ていこう》する力さえ奪《うば》うものかを知らないのです。

いじめられている人は、そんなにつらい中でも、必死で耐《た》えて生きている、本当にりっぱな人です。決して弱くなんかありません。

さらに、大人に言うと、よけいひどくなる、と思って、というのもあります。確かに、いじめを言っても、まともに取り合ってもらえなかった、とか、逆に責められた、とか、チクッた（告げ口をした）と言って、よけいいじめられた、ということも聞きます。

しかしその一方で、大人に言って解決した、とか、よくなった、ということもよくあります。大人に言って必ずしもひどくなるわけではない、むしろよくなる場合も多いことも知ってほしいと思います。

いじめが解決しない場合、学校へ行かない、転校することも、一つの選択肢です

最後に、いじめは、大人に言うなどして、解決できればいちばんですが、それが難しい場合もあります。その場合は、学校へ行かない、あるいは転校することも一つの選択肢《せんたくし》であることを知ってほしいと思います。

よく大人は、「そんな簡単なことで学校を休むな」と言いますが、「そんな簡単なこと」では、すでになくなっているから、学校に行けなくなるのです。ところが、学校へ行きづ

らくなっても、子どもはいじめられていることをなかなか言えません。場合によっては、何年もたって、ようやく言えた、という子もあります。

いじめに遭《あ》う人は、普通のまじめな、優《やさ》しい子どもたちです。そういう子どもたちは、学校へ行かねばならないことは十分わかっています。それでも学校へ行けなくなるということは、どれだけのつらさか、ということを分かってほしいのです。

2 いじめという暴力は、被害者の心を深く傷つけ、他の人に相談しようとする力まで奪ってしまう

いじめという暴力は、相手を傷つけるだけではなく、その人が他の人に相談しようとする力まで奪《うば》ってしまうものなのだ、ということを、私たちはよく知る必要があります。

いじめに限らず、虐待《ぎゃくたい》、体罰《たいばつ》、DVなど、すべてそうですが、このような暴力の本当の残酷《ざんこく》さは、あざや体の傷ではなく、被害を受けた人の心を深く傷つけ、打《う》ち砕《くだ》いてしまうことにあります。

いじめによるPTSD（心の傷による後遺症《こういしょう》）は、戦争体験によるPTSDの症状《しょうじょう》にも劣《おと》らない、という報告もあるくらいです。

まず、暴力によって、一度でも死ぬような恐怖《きょうふ》を味わうと、人間は抵抗《ていこう》する力を奪《うば》われます。「報復が怖《こわ》い」「逆にいじめがひどくなるんじゃないかと思って」と、状況がよけいに悪化することを恐れて、抵抗《ていこう》したり、相談したりすることができなくなります。

さらに、このような暴力が、相手に送るメッセージはただ一つ、「あんたは、大《たい》した人間じゃない」「あんたは人間のクズだ」というメッセージです。

こういうメッセージを送られ続けると、人間はどうなるか。「自分は、どうせ大《たい》した人間じゃない」「自分はやっぱり人間のクズだ」と思うようになります。そう思うと、従うしかなくなります。

要するに、自分への自信を失い、自分の尊さ、自分の存在価値、自分の素晴らしさを信じられなくなります。すなわち自己肯定感《じここうていかん》を失い、自己評価が極端《きょくたん》に下がります。

そうなると、深い無力感にとらわれ、「すべては自分が悪いんだ」「自分が弱いからいけないんだ」と自分を責めたり、「自分があの子を怒らせるようなことをしたからいけないんだ」と、本当は被害者であるのに、まるで加害者のように自分のことを思い込んでしまったり（それは、加害者が、全部おまえのせいだ、おまえが悪いんだ、と繰り返し言うからですが）、「どうせ自分が何を言っても、誰《だれ》も本気で取り合ってくれないだろう」「自分のことなんて、誰《だれ》も関心ないんだから」と、相談する意欲さえも失ってしまいます。

被害を受けた人は、本当は決して悪くはないのに、あたかも自分が諸悪の根元みたいに思い込んでしまっています。

そのために、「相手にも腹が立つけれど、こんないじめに遭《あ》う自分のほうがもっと情けない」「こんな情けない自分を誰《だれ》にも知られたくない」と相談に行くことを躊躇《ちゅうちょ》し、相談に行っても「それはおまえが悪いんだろう」「そんな偉《えら》そうに悩みを打ち明けられる立場か？」と逆に責められるような気がして、なかなか相談に行けません。そのために、よけいまた自分を責める、という悪循環《あくじゅんかん》に陥《おちい》ってしまうのです。

そういう観点から、子どもがこのような状況に陥《おちい》らないために、親や周囲が、どう接したらよいかを考えてみます。

●子どもが「いじめ」に遭って、悪循環に陥らないために、親や周囲が心がけておくとよいこと

(1)ふだんから、子どもの自己肯定感《じここうていかん》を高めるような関《かか》わりをする。
体罰《たいばつ》や、子どもを否定するようなことを言ったり、やったりしない。

「おまえは人間のクズだ」「おまえは何をやってもだめだ」などの言葉はもちろん、人と比較するような言葉「あの子は、あんなにいい子なのに」「弟は、こんなに勉強がんばっているのに」というようなことも言わない。

(2)何でも親に言える関係を作っておく。

(3)そのためには、子どもの話を聴き、子どもなりの努力を認め、信頼関係を築いておく。

(4)注意や叱責《しっせき》の繰り返しは、ある程度の信頼関係を築いたうえでないと、無効であるばかりか、逆にコミュニケーションを断絶させる危険があることを知る。

(5)子どもが親に話をしなくなった時、どうすればいいか。

①友達関係では、今まで通り、明るく話をしている場合は、思春期《ししゅんき》特有《とくゆう》の親離れなので、そんなに心配ない。

②友達関係も乏《とぼ》しくなり、表情がいつも暗い、などの場合は、いじめや何か深い悩みがあるのではないかと考えて、本人の話を聴く。本人が言いたがらなければ、学校に出向いて、何かきっかけがないか聞く。それでも理由が分からなければ、カウンセラー、精神科医などの専門家に相談する。

(6)もし子どもが何か相談してきたり、相談したそうなそぶりを見せたりした時は、時をおかず、しっかり話を聴く。

その時に、子どもに「おまえも悪いんだろう」とか、「おまえが弱いからいけないんだ」とか、「おまえの被害妄想《ひがいもうそう》じゃないか」と本人を責めたり、否定したりしない。むしろ、「相談してくれてよかった」「言ってくれてありがとう」など、相談することがとてもよいことだった、というメッセージをしっかり伝える。

また、「嫌《いや》だったら自分で断れ」「自分のことは自分で解決しろ」と最初から言ってしまうのもよくない。自分でどうにもならないから相談しているのであって、そのように言うと、よけい無力感にとらわれる。

実際、さきに書いたような悪循環《あくじゅんかん》に陥《おちい》っている場合には、第三者の関与がなければ、泥沼からは抜《ぬ》け出《だ》せないことが多いです。

③ いじめは、子どもの安全に関わる重要な問題。学校全体で真剣に取り組み、十分なサポート体制をとる必要があります

問題所有の原則、というものがあります。これは、自分の悩むべきことを、しっかり悩みましょう、他人が悩むべきことを、自分のほうに取ってしまって、自分だけが悩まないようにしましょう。その人が悩むべきことは、その人に、しっかり悩んでもらいましょう、ということです。

これは、学校と家庭にも当てはまります。学校は、学校の悩むべきことを悩む。家庭は、家庭で悩むべきことを悩む。

これが本来なのですが、これも、反対になっていることが多いです。

どういうことかというと、例《たと》えば、いじめがあっても、学校側《がっこうがわ》は、問題意識が少なく、家のほうでは、子どもの苦しみを目《ま》の当《あ》たりにして悩んでいるのに、学校にあまり強いことも言えず、我慢《がまん》している。

かと思うと、学校で、子どもが先生に甘えてきて、先生を振《ふ》り回《まわ》す。本当は、親に甘えたいのに、それを家で出していないので、親も気づかず、先生ばかりが大変な思いをしている。

学校の問題は、学校に返す。家庭の問題は、家庭に返す。これが基本です。そのためには、お互いに相手を非難するのでなく、こういう問題がありますよ、ということを、きちんと伝え合う必要があるのですが、その伝え方が、またうまくいっていないような気がします。

文部科学省、教育委員会の「いじめ対応」の問題点

そこで、いじめですが、これは、学校での、子どもの安全に関《かか》わる問題で、学校が、真《しん》剣《けん》に取り組むべき最も重要な問題の一つです。

具体的にどのように対応すべきか、詳細《しょうさい》は巻末に掲載《けいさい》した【「いじめ対応マニュアル」と「それを支える考え」】を参照していただきたいと思いますが、ここでは、現在の文部科学省、あるいは各自治体の教育委員会の現在のいじめ対応に関する問題点を、以下の五点にまとめて述べたいと思います。

(1) いじめの統計が実態を把握していない

いじめ統計が、現実と乖離《かいり》しています。

例《たと》えば、平成二十三年度のいじめ件数で、一年間一度もいじめがなかったと平気で報告している学校がなんと六割《ろくわり》もあります。こんな報告を、一般市民の誰《だれ》が信用するでしょう。

そんな数字を報告する学校も問題ですが、それをまたそのまま文科省に報告する県教育委員会も、それをそのままマスコミ発表する文科省も、いったい本当にいじめの実態を把《は》握《あく》する気があるのかと疑われます。

そんな報告をしてくる学校があれば、県教委も、文科省も「こんなはずがないだろう」と突《つ》き返《かえ》して再調査するのが当然ではないでしょうか。県によっても、大きなばらつきがありますが、子どもの実態に各県でそれほどの状況の差があるとは思えません。

いじめの件数を調査する目的は、いじめの実態を把握《はあく》すると同時に、いじめ対策の効果を検証するためです。その根拠となる数字がこんなにいいかげんでは、いじめ対策もあったものではありません。実態に即した調査方法を早急に確立し、全国で基準を標準化する必要があると思います。

基本的には、質問形式を標準化したアンケートを作り、そこで、子どもが「いじめ」と答えた数を、事実確認したうえで、そのまま上げるべきだと思っています。

(2) いじめ対策の周知が不十分

いじめ防止の真に実効性のある対策がとられていません。またいじめ対策を行って、それが実際に効果があったかどうかの検証作業が行われていません。

いじめ対応マニュアルはいろいろと作られて配付されていますが、教員に十分周知されていません。そのため、対応が標準化されず、子どもに言ってはいけないことを言ってしまい、よけいに傷つけることが、残念ながらしばしば起きています。

マニュアルを作ったら、それを使って、最低年一回は、全教員を対象に、ロールプレイなどを使った実地の研修をすべきでしょう。そのようにして初めて、子どもも安心して相談できるのではないでしょうか。

(3) 教員だけで抱え込むケースが多い

現在のいじめは、多様化、複雑化しており、教員だけの対応では到底解決しないものも多くなっています。保護者のみならず、学校外の専門機関や地域社会との連携《れんけい》が必須ですが、まだまだ学校だけ、教員だけで抱《かか》え込《こ》むケースが多くあります。

マニュアルには「重大な事例、複雑な事例では、専門機関と連携《れんけい》する」とよく書いてありますが、表面的には簡単に思えても、実は根深い問題が隠《かく》れていることもあります。軽い問題と見えても、ちょっと対応を誤ると、こじれるケースもあります。

いじめが発見されたら、すぐにスクールカウンセラーやスクールソーシャルワーカーなどの専門家を含《ふく》めたチームを立ち上げるべきですが、それが不十分です。

(4) 加害者へのケアが抜け落ちている

いじめ対応で、最も大切なことは、いじめられた子の気持ちに寄り添って対応していくことですが、それと同じくらい大切なことは、いじめ加害者への関《かか》わり、もっといえば加害者のケアです。

なぜなら、加害者もさまざまな被害経験を持っており、いじめはそのSOSとして生じています。

その被害経験のケアなくして、ただ「いじめはだめ」「いじめはやめなさい」と連呼しても決して解決はしません。これは今までのいじめ対策で、最も抜《ぬ》け落《お》ちていることの一つです。

(5) 当事者の子どもに、「いじめ対応マニュアル」が知らされていない

いじめの当事者は子どもです。子どもの権利条約の精神からいっても、いじめの対応、いじめ防止には、子ども自身の参画、協力が不可欠です。ところが、子どもへの情報提供、

子ども参加が十分なされていません。

例《たと》えば、いじめ対応マニュアルにしても、教員だけで共有するのではなく、子どもたちにも公開し、子どもたちの意見も聴くべきです。子どもたちも、自分がいじめを受けた時、どのように対応してもらえるのか、知る権利があるし、それで初めて安心して相談もできるようになるからです。

「いじめを受けても、誰《だれ》にも相談できなかった」という子どもが、どの調査でも、多数存在します。それは大人への不信感、現在のいじめ対応への不信感そのものです。この数字を私たちはもっと重く厳しく受け止めるべきではないでしょうか。

また、いじめが起きた時に、立ち上げられる対応チームには、ぜひ子どももメンバーに入れてもらいたいと思います。また、学校のいじめ防止対策は、生徒会を中心に、ぜひ子ども自身の意見を反映したものにしてほしいと思います。

それでこそ、現場に即した有効なものになるでしょうし、子どもたちのエンパワメントにもなると思うのです。

●いじめについての対応は、学校が、授業を一日や二日つぶしてでも、やる価値がある

いじめ対策に取り組むのは、ただでさえ忙しい先生には、大変な労力だと思います。ですから、学校全体で、十分なサポート体制をとることが必要と思います。

ただ、学校としては、一日や二日、授業をつぶしてでもやる必要のあることだし、やる価値のあることだと私は思います。

それは、いじめられた子にとってはもちろんですが、その親にも、また、いじめた子にとっても、その親にも、もしかすると、先生にとっても、学校にとっても、大きな収穫《しゅうかく》を生むことになるからです。

④ 生徒同士の対人関係トラブル。その背景には、家庭での苦しみが原因になっていることがある

ある時、一人の女生徒が、担任の先生に、最近、部活《ぶかつ》の同級生のグループから、無視されたりいじめを受けている、と相談に来ました。

先生は、この子の訴えを真剣《しんけん》に受け止め、グループの皆を呼びました。そして「彼女を、最近、無視しているそうじゃないか。彼女はとても傷ついている。これは、いじめだ。ちゃんと仲間に入れてやってくれ」と話をしました。

それから間もなく、部活《ぶかつ》の顧問《こもん》の先生から、そのグループの子どもたちが泣いて訴えてきたことを聞かされました。それによると、私たちは、決して、彼女を無視しているつもりはない。でも彼女はとても扱《あつか》いにくい子だ。何でも、自分が中心でないと気がすまない。

仲間のうちの二人で、どこかへ遊びに行っても、彼女は、どこからかそれを聞きつけて「どうして、私を呼んでくれなかったの？」とやきもちを焼く。また、ちょっと否定するようなことを言うと、すぐプンプンになるので、とても気を遣《つか》う。次第《しだい》に、彼女抜《ぬ》きで行動するようになっていたところ、先日、彼女にばれてしまい、先生に訴えられてしまった。確かにあの子を呼ばなかったのは悪かったが、私たちの気持ちも分かってほしい、と、泣きながら訴えた、ということです。

学校現場ではよくあるケースですが、いったい、どのように解決したらよいでしょう。彼女を、もう一度呼んで、「君も、友達に対して、かなりわがままにしているそうじゃないか。君も悪いところがあるんじゃないか」と説得するでしょうか。それとも、三人を呼んで、「君たちの悩みは分かったが、彼女は、今、苦しんでいるんだから、もう少し辛抱《しんぼう》して付き合ってやってくれ」と言うでしょうか。

担任の先生は、この子の気持ちを、もう少し時間をかけて聴いてみました。すると、彼女は、友人への不満をひとしきり語ったあと、言いました。「家でも、弟、妹が、わがままばかり言っているが、怒られるのは私ばかり。何かあると、『あんたはお姉ちゃんじゃないの』と言われる。お母さんは、弟や妹たちの面倒《めんどう》は見るが、私のことはちっとも見てくれない」

彼女は、長女で、もともと聞き分けのよい子でした。弟妹は逆に、手がかかる子で、母親の関心はつい下の子へ向かいました。この子は、それが面白《おもしろ》くなくて、わざと反発するような態度をとると、親にひどく叱《しか》られました。それに反発すると、また叱《しか》られる。こんな悪循環《あくじゅんかん》のあと、彼女は、結局、何も言えなくなってしまっていました。

親にかまってもらいたい気持ちが、満たされぬまま、思春期《ししゅんき》になった彼女は、それを、友達関係に向け、甘えたい気持ち、かまってもらえない怒りを、すべて友人に向けていたのです。

そこで、彼女の了承《りょうしょう》を得《え》たうえで、母親に来てもらい、いきさつを説明し、子どもの気持ちを伝えました。幸い、母親も、理解のある人で、思い当たるところもあり、この子に、もう少し関《かか》わってやることを約束してくれました。その後、彼女の対人関係は、少しずつ落ち着きが見られるようになったのです。

生徒同士の対人関係のトラブルも、その背景に、家庭での葛藤《かっとう》があることがあります。子どもの気持ちの奥にあるものを、キャッチして対応すると、案外《あんがい》、すんなり解決することがあるように思います。

8章

体罰は、なぜいけないのか

大人の認識が甘すぎる

① 大阪市立桜宮高校で、体罰を受けたあと、生徒が自殺した事件が示すもの

平成二十四年十二月、大阪市立桜宮高校で、バスケットボール部主将が、顧問《こもん》の男性教諭から体罰《たいばつ》を受けたあと、自殺しました。

大阪市教育委員会はその後、男性教諭の暴力が、生徒の自殺の大きな要因になったとして、その教諭を懲戒免職《ちょうかいめんしょく》にしました。

この問題は、大きな波紋《はもん》を呼び、体罰《たいばつ》の問題がマスコミや教育界で大きく取り上げられることとなりました。

体罰《たいばつ》とは、叩《たた》く、殴《なぐ》る、つねる、蹴《け》るなど、身体《からだ》に直接、苦痛を与える罰《ばつ》で、懲戒《ちょうかい》の目

的で行われるものですが、憲法や教育基本法、子どもの権利条約の規定にも反するだけでなく、学校教育法の十一条でも、ハッキリと否定されています。

ところが、それにもかかわらず、家庭や学校で、いまだになくならないばかりか、積極的に肯定《こうてい》、あるいは、場合によっては必要、と考える人が少なくありません。

これは、なぜ体罰《たいばつ》がいけないのか、ということについて、大人の認識が甘すぎるからではないかと思います。

②

体罰が、子どもの心の成長に悪影響があることは、ハッキリ結論が出ています

体罰《たいばつ》は子どもの心の成長にどのような影響があるか、これについては、実は、ハッキリ結論が出ています。

例《たと》えば、二〇〇二年、アメリカで、体罰《たいばつ》についての、大がかりな研究の成果[※1]が発表されました。調査は、約六十年前までさかのぼって八十八件の論文を調査し、体罰《たいばつ》の影響を調べました。対象となった子どもの数は、三万六千人に上《のぼ》ります。

その結果、体罰《たいばつ》を受けた子どもは、その時には、親の命令に従う、といった「効用」がある一方で、長期的には、

1. 攻撃性が強くなる
2. 非行などの反社会的行動に走る
3. 精神疾患《せいしんしっかん》を発症《はっしょう》する

などのさまざまなリスクが上がることが判明しました。

また、〇～六歳の子ども二千人を追跡調査した「大阪レポート」[※2]でも、体罰《たいばつ》を用いたしつけは、短期的に見ると有効に見えても、時間がたつにつれ、子どもの、特に言葉、社会性の発達に、ハッキリと後れが生じ、子どもの発達に悪影響を与えることが明らかになりました。

もちろん統計的なデータなので、体罰《たいばつ》を受けた人が全員そのような結果になるわけではありませんが、しかしそのようなリスクが上がることはハッキリしているのです。

薬のことを考えてもらっても分かると思います。

「この薬は、一時的には効果があるけれども、長期的に飲ませると、子どもにいろんな副作用が出てくる」という薬を、果《は》たして子どもに飲ませるでしょうか。体罰《たいばつ》も同じだと思います。

体罰《たいばつ》はまた、子どもの自己肯定感《じここうていかん》を育てません。なぜなら、体罰《たいばつ》の背景にあるのは、子どもへの不信感だからです。

体罰《たいばつ》を行う人がよく言うセリフがあります。「口で言っても分からない者には、体で知らせるしかない」

しかしこれは、犬や猫と同じ扱《あつか》いではないでしょうか（いや、犬や猫相手でも、最近は体罰《たいばつ》は使わないと聞きます）。

子どもは、口で言えば分かります。確かに言ってもすぐには行動が変わらない場合もあります。しかし繰り返し真剣《しんけん》に伝えれば、必ず子どもは理解するし、できるようになります。

体罰《たいばつ》が行われる場面で本当に欠けているのは、子どもの理解力や良心ではなく、大人の忍耐《にんたい》であり、自制心、さらにいえば、子どもへの信頼ではないかと思います。

※1　E・T・ガーショフ「親による体罰、それによる子どもの行動と傾向―メタ分析と理論的考察」
※2　服部祥子・原田正文『乳幼児の心身発達と環境―大阪レポートと精神医学的視点―』

●女子柔道の選手が、監督の体罰を告発したのは、身体の苦痛ではなく、心が深く傷ついたから

平成二十四年十二月には、女子柔道の選手たちが、監督《かんとく》の体罰《たいばつ》を告発しました。彼女らが何が不満だったのか、何に傷ついたのかというと、それは身体的な暴力というより、世界のトップアスリートとしての自分たちの自覚を監督《かんとく》が信頼していない、ということだったのではないでしょうか。すでにそれまで、彼女たちなりに自己管理をし、自己研鑽《じこけんさん》をしてきた、そのプライドを、監督《かんとく》の体罰《たいばつ》が深く傷つけたのです。

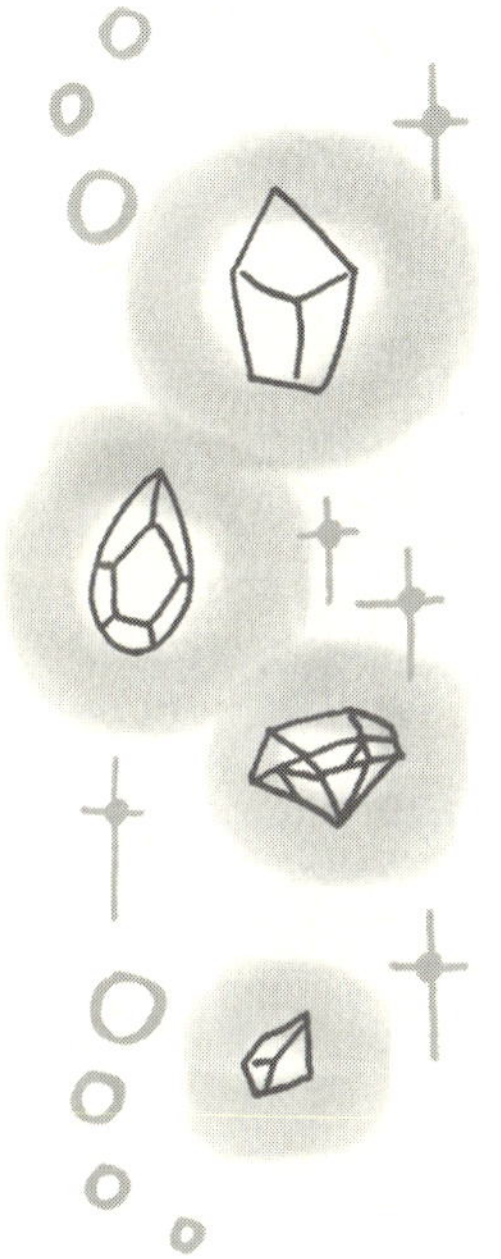

③ 家庭における体罰も、法律で禁止すべきです。「しつけのための体罰」と称しても、親の感情が入り、虐待につながっていく

また多くの虐待《ぎゃくたい》は、「しつけのための体罰《たいばつ》」と称して行われていることから、体罰《たいばつ》は、虐待《ぎゃくたい》の温床《おんしょう》となっているともいわれます。初めから虐待《ぎゃくたい》をしようと思ってするのではなく、しつけのつもりの体罰《たいばつ》が、虐待《ぎゃくたい》につながっていくのです。

実はしつけのためにも、体罰《たいばつ》は決して有効ではありません。いくら冷静にと思っても、体罰《たいばつ》にはほとんどの場合、親の感情（怒りや非難）が込められます。小さい頃《ころ》から頻繁《ひんぱん》に体罰《たいばつ》を繰り返されると、子どもは萎縮《いしゅく》し、恐怖《きょうふ》を持ち、自信を失います。また体罰《たいばつ》を避《さ》けるために、大人の前ではおとなしくなりますが、見ていない所では少しも守ろうとしません。

結果として、善悪の判断や、行動のコントロールを、主体的に学ぶ機会を奪《うば》ってしまいます。ウソやごまかしを平気でやる人たちの育てられ方を調べたら、親がむやみに体罰《たいばつ》その他の罰《ばつ》を与える特徴があったそうです。一番大切な「良心」が育っていなかったのです。これでは、しつけとはいえないでしょう。しつけの目標は、人に言われなくても、自分で判断し、自分をコントロールできることだからです。

ですから、スポーツにおいても、教育においても、子育てにおいても、体罰《たいばつ》は子どもによい影響を与えません。

日本では、学校での体罰《たいばつ》は法律で禁止されていますが、家庭における体罰《たいばつ》は法律で禁止されていません。しかし私は、子どもに対するすべての体罰《たいばつ》を法律で禁止すべきだと考えています。日本が批准《ひじゅん》している「子どもの権利条約」の委員会からも、体罰禁止《たいばつきんし》の勧告が繰り返し行われています。

世界的な流れとしても、家庭での体罰《たいばつ》を含《ふく》むあらゆる子どもへの暴力を禁ずる法律を制定する国が徐々《じょじょ》に増えています。現在、多数のEU諸国、ニュージーランド、アフリカと南米の数カ国など世界で三十三カ国（平成二十五年二月現在）が、そのような法律を制定しています。

そのさきがけとなったスウェーデンは、一九七九年に世界で初めて体罰全面禁止《たいばつぜんめんきんし》の法律を制定し、体罰《たいばつ》に替《か》わるしつけの方法について大々的なキャンペーンを行いました。その結果、一九六〇年代には、九〇パーセント以上の親が子どものしつけに体罰《たいばつ》を使っていましたが、年々その率は下がり、二〇〇〇年代には、一〇パーセント以下になっています。それに伴って、スウェーデンでの虐待件数《ぎゃくたいけんすう》は、国際的に見てもかなり少ないレベルまで減少しました。

日本でも、体罰《たいばつ》のリスクがもっと啓発され、それに替《か》わるしつけや指導の方法（例《たと》えば、CSP〈コモンセンス・ペアレンティング〉、ペアレントトレーニング、コーチングなど）が、すべての家庭や学校、地域に徹底されれば、確実に虐待《ぎゃくたい》の数は減り、体罰《たいばつ》で傷つく子どもの数も減るに違いないと思います。

最後に――

……

お母さんは、おまえのことが
大好きだよ。
たとえ学校へ行かなくても、
おまえは、とってもいい奴だよ

ある日、一人のお母さんが、不登校の高一の長男のことで、相談に来られました。歩行に不都合《ふつごう》があるらしく、足を引きずるように歩いておられました。

そのお母さんの話を聞くうち、私は言葉を失いました。

そのお母さんは、二人の子どもがいるのですが、五年前に、夫が、心筋梗塞《しんきんこうそく》で亡くなって以来、女手一つで、子どもを育ててこられました。ところが、一年前から、どうも、左足の動きが悪くなり、気のせいかと思っていたところ、今度は、手の動きが悪くなってきた。心配になって、大学病院を受診したところ、慢性《まんせい》の運動障害だと言われ、治療に時間がかかると言われたのです。しかし、一向に症状《しょうじょう》がよくならないので、二カ月前に、本当の病名を教えてほしい、と主治医に強く迫《せま》ったところ、初めて病名を教えられました。それは、原因不明の神経難病でした。そして、この病気の今後の見通しを聞かされたのです。

その病気は、神経難病の中でも、最も経過の悪い病気でした。運動神経を侵《おか》し、徐々《じょじょ》に、四肢《しし》が動かなくなり、やがて呼吸する筋肉が動かなくなります。平均生存期間は、発病してから五年。たとえ生き延びても、五年後には、完全に寝《ね》たきりとなり、人工呼吸器を着けなければ息もできず、声も出なくなります。

お母さんは、大変なショックを受けました。しかし、子どもには、まだ本当のことは言えないと、家族の前では、必死で明るい顔を見せていました。しかし夜中になると、人知れず泣く日々が続きました。

そんな折《おり》、高校に入った長男が、学校の雰囲気《ふんいき》に馴染《なじ》めず、学校を休み始めたのです。お母さんは、何とか、学校に行かせようと、何度も説得したのですが、子どもは、朝になるとおなかが痛いと言ってどうしても行くことができず、ついに、全く学校へ行かなくなったのです。

自分は、病気と闘《たたか》って、こんなに必死な思いで生きているのに、どうして、分かってくれないのか。それに、自分の病気を考えると、もう時間がない。一刻も早く自立してもらわないと。

長男への不満と、焦《あせ》る気持ちを、切々と訴えられ、私はどうすればいいんでしょうか、と涙を流して尋《たず》ねられました。

胸を締《し》め付《つ》けられる思いで聞きながら、私は感じていたことがありました。

その長男も、きっと、不登校になりたくてなったのではない。学校のこともあると思うけれど、それ以前に、きっと、お父さんの分もがんばって、お母さんの支えにならなければと、精一杯《せいいっぱい》背伸びをしてきたに違いない。その疲れが、今になって、出てきたとしても不思議はない。

そのうえに、もしかすると、敏感《びんかん》な子だから、お母さんの病気のことも、ある程度、気がついているのではないか。子どもは、そういう深刻なことは、知らないふりをするけれど、たいてい、お母さんの様子から、何かを感づいているものだ。その不安が、よけいに本人の心に影を落としているのではないだろうか。

それなら、お母さんの不満や焦《あせ》りが、よけい、彼の首を締《し》めることになってしまう。お母さんとして、残された時間を思うと焦《あせ》る気持ちは無理もない。でも、それならなおさら、残る時間、彼を、精一杯《せいいっぱい》、心で抱《だ》きしめることに使ってほしい。

勉強よりも、しつけよりも、社会の常識よりも、そのことこそ、親にしか、伝えられないことではないのか。

お父さんがいなくなってから、悲しむ間もなく、自分がしっかりしなきゃと思って、がんばってきたんだね。負担をかけているのに、それに気がついてやれなくてごめんね。これ以上、心配かけちゃいけないと思って、黙って一人で我慢《がまん》していたんだね。学校に行けなくなって、みんなはいろいろ言うかもしれないけれど、お母さんは、おまえの人知れぬ苦労も、悲しみも、淋《さび》しさも、みんな知っているよ。

お母さんは、これからさき、どれだけ、おまえのことを見守っていられるか分からないけれど、これだけは忘れないでほしい。

お母さんは、おまえのことが大好きだよ。たとえ学校へ行かなくても、おまえは、とってもいい奴《やつ》だよ。

それからしばらくして、そのお母さんから手紙が来ました。

「残された時間、親として、子どもに何を伝えるべきか、少し気持ちの整理がつきました。あとは、私の問題だけです。ありがとうございました」

Q&A

相談に来られる
みなさんから、
こういう質問を
よく受けます

Q01

子育てに、全く自信がありません

自分の子育てには、全く自信がありません。毎日が試行錯誤《しこうさくご》のようで、つらくなります。どのような気持ちでいればいいでしょうか。

A01

毎日、大変な中、とにもかくにも、今まで育ててこられただけでも、よくがんばってこられましたよね。

自信がないとおっしゃいますが、おそらく、子育て、私は自信がある、というお母さんは、ほとんどないのではないでしょうか。表面的には、何の苦もなく育てているように見える人でも、皆さん、けっこう、悩みや不安を抱《かか》えておられます。

自信がないのが普通だし、試行錯誤《しこうさくご》している、毎日子どもに振《ふ》り回《まわ》されている、ということは、逆に、ちゃんと子どもに目がいっている証拠ではないかと思います。

私がむしろ心配なのは、自分の子育てに自信がある、私は完璧《かんぺき》な子育てをしてきた、という方で、本当に完璧《かんぺき》ならいいのですが、往々にして、お母さんの理想の子育ての押しつけで、子どもが我慢《がまん》して、必死で合わせている場合があるのです。

あるところで、お母さんに何を求めるか、と子どもにアンケートをとったところ、「失敗してほしい！」というのが一番だったそうです。何でも完璧《かんぺき》にこなして、それを周囲にも求めるお母さんより、多少、失敗しても、「ハハハ、また失敗しちゃった」と笑ってごまかすお母さんのほうが、子どもは安心できるのかもしれません。

ぜひ、自信がないことに、自信を持ってください。

Q02 子どもが「うるさい」などと反抗するようになりました

子どもを見ていると、ついつい、口やかましく言ってしまいます。ところが、最近は、子どもも、「うるさい」とか、いちいち反抗《はんこう》するようになり、困っています。どう対応すればよいでしょうか。

A02

お母さんが、一生懸命《いっしょうけんめい》子育てしてこられた結果、子どもも順調に育って、反抗《はんこう》するようになってきたということなので、基本的には、あまり心配ないと思います。

そこで、今後どうしていくかですが、これを、問題所有の原則で考えてみましょう。問題所有の原則とは、自分の悩むべきことを、しっかり悩みましょう、他人が悩むべきことを、自分のほうに取ってしまって、自分が悩まないようにしましょう。その人が悩むべきことは、その人に、しっかり悩んでもらいましょう、ということです。

「ついつい、口やかましく言ってしまう」ということですが、どういうことを言っているかというと、たいてい、子どもの問題である場合が多いです。今日は、学校へ行くかどうか、宿題はしているか、忘れ物はないか、テストの成績はどうか、学校での友達関係はどうか、先生とはうまくやっているか……。

これは、本来、子どもが悩むべきことであって、親が悩むべきことではないのです。もちろん、子どもが相談してきたら、しっかりと聴く必要はありますが、子どもが聞いてきてもいないのに、親があまり心配して、口出しすると、子どもは、ただでさえ悩んでいるうえに、親の悩みまで解決しないといけなくなり、二倍、三倍、苦しくなります。苦しいから、つい「うるさい」ということになります。

親は、ちゃんと親の持ち分を解決して（解決できないことも多いが）、子どもに必要以上の心配をさせない。そのかわり、子どもが悩むべきことは、子どもにちゃんと悩ませる。そのためには、口出しをしない、手も出さない。忘れ物をしたら困るんだ、と、自分で体験させ、悩んでもらう。そういう失敗を繰り返すうちに、子どもは自分で自分のことをやるようになります。

親が自分のやるべきことをきちんとやって、子どものことは口出しせず、子どもに任《まか》せると、一時は、今までやっていたことをやらなくなることもありますが、次第《しだい》に、自分でやろうとする意欲を持ち始めます。

Q03

指示や命令でなく、子どもを方向づける方法は？

子どものあとをついていく、ということですが、ある程度、方向づけは必要ではないかと思います。指示、命令にならないように、方向づけするには、どうすればいいでしょうか。

A03

思春期《ししゅんき》になれば、こちらが方向づけしようとしても、そもそも言うことを聞かないので、あとをついていくしかないですが、小学校四、五年くらいまでは、ある程度、方向づけは有効だし、必要でもあると思います。

例《たと》えば、みんなの使う居間に、おもちゃやマンガやお菓子《かし》のクズなどが散乱している。ちっとも片付けようとしない。そういう時に、どう言うか。

「もう、また散らかして！　晩《ばん》ご飯《はん》までに、ちゃんと片付けておきなさい！」と言うと、しばらくは片付けていますが、お母さんが目を離すと、しばらく読んでなかったマンガを見つけて、それを読むうちに集中してしまいます。そこへお母さんが来て、

「もう！　マンガなんか見てないで、早く片付けなさい！」と叱《しか》ります。子どもは嫌《いや》々《いや》、重い腰を上げて、片付け始めます。「ほら！　グズグズしないの！」と、お母さんの怒声《どせい》が飛びます。子どもは、「はー」とため息をつきます。だいたい、どこの家でもこんな感じではないでしょうか。確かに、部屋は片付きますが、子どもも親も、相当ストレスがたまります。

こういう時、例《たと》えば、こんなふうに言ってみるとどうでしょう。

「あらー、こんなに、床《ゆか》が散らかってると危ないわね」。そして、まず親が、片付け始めるのです。

初めは子どもも、知らんぷりをしているかもしれませんが、それを繰り返していくと、お母さんの背中を見て、子どもも手伝うようになります。手伝ってくれた時に、「ありがとう」「助かったわ」という言葉をかけていきます。そうすると、子どもも、気分がよくなります。

大切なことは、子どもの方向づけを、「叱《しか》る」「怒る」という方法でしていると、子どもは、反発するか、親の顔色を見るようになり、最後は、自分の存在は、親を不機《ふき》嫌《げん》にさせる、親を不幸にする、自分なんかいないほうが、親はよほど幸せなんだ、と思って、自己肯定感《じここうていかん》が低くなります。逆に、「ありがとう」「助かったよ」「うれしいよ」という言葉で方向づけをしていくと、自分の存在は、親の役に立つんだ、親を喜ばせることができるんだ、と、自己肯定感《じここうていかん》が高くなる、ということです。現実には、なかなか難しいですが、ぜひ、試してみてください。

Q04

友達のような親子関係は、よくないでしょうか?

私は、娘と、親子というより、友達のような関係でありたい、と思ってきました。しかし、ある人から、親子は、友達ではない、ということも聞きました。どういうことでしょうか。

A04

友達のような親子でありたい、ということは、最近、理想の親子関係として、よく聞きます。子どもと、何でも思ったことを話し合える関係、という意味では、とてもよいことだと思います。

ただ、親子関係には、友達とは違う面もあることは事実です。友達というのは、基本的に、ギブアンドテイクの関係です。ですから、一方が、他方に、あまり甘えすぎるのは許されません。お互いに気を遣《つか》って、適度な距離を保ち、ある一線は越《こ》えない、という暗黙《あんもく》のルールがあります。これを越《こ》えてしまうと、友達関係は、一方にとって負担になり、関係は解消されます。

ところが、親子の場合、子どもは、親に対して、友達のように、対等の関係を求めてくる場合もあれば、やはり親として、甘えたい時もあります。ところが、そこで、親の側《がわ》が、「友達のような対等な関係でしょ」という態度を見せると、それは、甘えてはいけない、というメッセージになります。

また、友達関係だと、相手のやることは、相手の自由なので、こちらが介入《かいにゅう》することはありませんし、「叱《しか》る」ということは基本的にありません。しかし、親子関係だと、時には、親が子を、叱《しか》ることも必要です。

「友達のような親子関係」というのが、実は、子どもが親に甘えることもできないし、親が子どもを叱《しか》ることもない、親にとっては、楽であっても、その分、子どもが親に気を遣《つか》い、背伸びをし、無理な自立を強《し》いられている、そんな関係になっていないかを一度、チェックする必要があります。実は、子どもの心身症《しんしんしょう》を診《み》ていると、時々、そんな親子関係を見かけるのです。

Q05 不登校の子どもを見守る心得を教えてください

子どもが不登校で自室に引きこもっています。焦《あせ》らず待つように、と言われていますが、本当に待つだけの対応しかないのか、と迷っています。

A05

焦《あせ》らず待つ、というのは、簡単なようでつらいものです。

確かに、焦《あせ》らずに待つことは大切ですが、肝腎《かんじん》なのは、その時のこちらの眼差しです。こちらが、本人に対して、「どうして?」「もっと……」「いつになったら……」という不満や怒りの気持ちを持っていると、それは、本人に伝わりますし、なかなか元気にはなれません。

大切なことは、ただ「待つ」のではなく、「肯定的《こうていてき》な眼差しで待つ」ということです。

まず、本人の現状を、家族全員が、まず百パーセント肯定《こうてい》して、非難がましいことは一切言わないようにする。そして、普通に、「おはよう」などと、挨拶《あいさつ》をしていく。家の手伝いをしてくれたら、「ありがとう」と言う。そういう肯定的《こうていてき》な眼差しで、見守る、ということです。

本人が、自室にこもって、少しも出てこようとしない場合、家族の誰《だれ》かが、本人に対して、非難がましいことを言っていないか、を一度チェックする必要があります。そして、そういう人があった場合、「本人がこうなるには、それだけの大変な苦痛、疲労があったんだ」ということが、十分に理解されるよう、さらに話し合いを続けていく必要があるでしょう。

Q06 不登校の子どもが、将来、社会に出られるか心配です

中学生の子どもが、二年間、不登校です。学校でさえ行けないのに、今後、社会でやっていけるか心配です。

A06

平成十三年、発表された文部科学省の調査で、不登校だった中学生を五年間追跡調査したところ、七十七パーセントが、卒業五年後には、仕事に就いているか、学校に行っていた、という結果が出ています。今、不登校だから、将来も社会に出られない、と短絡的《たんらくてき》に考えるのは間違いだ、ということです。むしろ、多くの人が、何らかの自分なりの生き方を見つけている、ということです。

学校でさえ行けないのに、と言われますが、人付き合いが苦手《にがて》な子、人に気を遣《つか》う子にとっては、学校はある意味で、最も居づらい場所であることを、知っていただきたいと思います。

というのは、そういう人にとって、一番苦手《にがて》なのは、最も身近な人でもなく、全く

の他人でもなく、中くらいに知っている人、通り過ぎた時に、挨拶《あいさつ》を交わすか交わさないか、という間柄の人、といわれています。学校とは、実は、こういう人が、最も多く集まっている所なのです。

しかも、昔の学校なら、無口な人も、人付き合いが苦手《にがて》な人も、静かに教室にいれば、それなりに、そういう人なんだ、と認められていました。しかし今は、学校によっては、静かにしていると、「暗い」とか言われて、いつ、いじめの対象になるか分からない、そういうところがあります。女の子なら、グループがいくつかできていて、そこに入れるかどうかは、死活問題だったりします。

そのうえ、先生からは、「みんなと仲良くしなさい」とか、「みんなの輪の中に入りなさい」と言われて、プレッシャーをかけられます。ただ、勉強するだけでなく、人とうまく付き合うことも、求められる場所なのです。そんな中で、多くの子どもたちが、友達との関係、先生との関係で、神経をすりへらしています。特に、人に気を遣《つか》う子ならなおさらです。

ところが、仕事の場合はどうでしょう。仕事にもよりますが、大事なことは、黙々とでも、ちゃんと仕事をこなすことであって、仕事さえしていれば、別に何も言われません。「もっとみんなの輪の中に入りなさい」と強制する人もいません。やるべき仕事が与えられ、それさえやっていれば、給料がもらえる、こういう状況は、対人関係が苦手《にがて》な人にとっても、そう苦痛ではありません。コンビニなどのサービス業でも、全く知らない人相手なら、別に困ることはありません。

不登校の人が、バイトなら、案外《あんがい》続くことが多いのも、こういう理由によるのです。学校でさえ行けないのに、と言われますが、学校へ毎日行く、ということは、そんなに簡単なことではないのです。

Q07

いじめがあった時、子どもをどう励ましたらいいでしょうか

中学二年生の娘が、なかなか学校へ行こうとしません。友達関係で、いじめがあったようです。私も昔、同じような目に遭《あ》い、乗《の》り越《こ》えてきた経験があるので、「あなたにもできないはずはない」と励ましていますが、聞こうとしません。

A07

お母さんも、そういうつらい経験をされて、そこを乗《の》り越《こ》えて、子どもを中学まで育て上げられたこと、本当によくがんばってこられたと思います。自分ができたことなのに、どうして、この子にできないのか、と、いらだつ気持ちはよく分かります。

しかし、いじめは、本当にとてもつらいことです。それは、経験されたお母さんが誰《だれ》よりもよく知っておられると思います。いじめが、エスカレートすると、命の危険さえ感じることがあります。場合によっては、学校へ行けなくなるのも、当然だ、ということが実際あります。

子どもが、それを乗《の》り越《こ》えることができず、学校へ行けなくなったのは、きっとそれだけの理由があったのだと思います。お母さんの経験談で、励まされ、それで行けるようになる子もあると思いますが、あまり言っても効《き》き目《め》がない場合は、きっと、それだけのつらさがあったのだと一度、認めてしまってはどうでしょうか。「自分もがんばって乗《の》り越《こ》えたのに、どうしておまえは」でなくて、「よっぽどつらいことがあったんだね。お母さんも、考えてみたら、あの時とってもつらかった。おまえの気持ちはよく分かるよ」とだけ言ってみたらどうでしょうか。

学校に行く行かないではなく、まず、そのつらさをお母さんに分かってもらうことを、子どもは今、最も必要としているかもしれません。

Q08

少年野球で、友達から暴力を振るわれているようです

小四の息子は、少年野球に入部しています。そこで、同級生にからかわれたり、蹴《け》られたり、殴《なぐ》られたりしているようです。

主人や義父は「男なら、やられたらやり返せ」と言うのですが、息子は「絶対に暴力はしたくない」と言います。理由は、兄弟ゲンカをした時、痛かったから（自分も相手も）。それに、またきっと倍返しで仕返しされるから、よけい嫌《いや》だとのこと。実際その場を見ていませんが、暴力を振《ふ》るってくる子に、大人がきちんと注意すべきでしょうか。もしくは見守るべきなのでしょうか。

A08

私なら、まず子どもには、

「暴力を振《ふ》るいたくない、という気持ちは素晴らしいね。応援するよ。ただ、甘んじて暴力を受け続ける必要もない。『逃げる』という形で暴力を拒否することもできるんだよ。あるいは、大人に助けを求めるとか。それは決して弱いことでも、卑怯《ひきょう》なこ

とでもない。自分を守るために、大切なことなんだよ」と伝えたいと思います。

「やられたらやり返せ」という対応は、この子が言っているように、暴力の連鎖《れんさ》を生むだけで、私は間違っていると思います。

あとは、大人の対応です。

少年野球も、教育の一環としてやっているものだと思います。それなら、教育にふさわしい環境を整えるのが大人の責任だと思います。

監督《かんとく》やコーチの責任は、ただチームを強くすればいい、技術を教えればいいというものではなく、その場が、教育にふさわしい環境になるように、配慮《はいりょ》する。誰《だれ》も傷つかず、子どもたちの自己肯定感《じここうていかん》を下げないように、安全を保障することが、大人の責任だと思います。

暴力を振《ふ》るうような子は、決して見逃さない。きちんと注意して、保護者にも伝える。そしてみんなで見守っていく。それが大人の役割《やくわり》だと思います。

ですから、監督《かんとく》やコーチの体罰《たいばつ》などもってのほかです。体罰《たいばつ》は、暴力を振《ふ》るってもいいことを、大人が体にかけて教えているようなものです。

少年野球の監督《かんとく》（特に強いチームの監督《かんとく》）は、けっこう強い権力を持っていて、何か意見しようとしても、他の保護者から止められることもあったりしますが、同じ思いでいる保護者もいると思います。

ぜひそういう人と手を取り合って、環境を改善していってもらいたいと思います。

Q09

娘がガラの悪い友達と付き合い、外泊を繰り返しています

高校二年生の娘が、最近、あまり学校へ行っていないような友達と付き合い始め、しょっちゅう外泊するようになりました。どこへ行っていたのか聞いても、一切答えず、聞き出そうとすると「うるせーんだよ」と怒りだします。主人は、「もう家に入れるな。食事も洗濯もしてやるな！」と言います。どうすればいいでしょうか。

A09

女の子が、どこの誰《だれ》とも分からない人と付き合い、外泊を繰り返している、事情を聞こうとしても、全く会話にならない、ということで、親子のコミュニケーションが断絶し、相当、心配な状況です。お母さんの不安も分かります。いわゆる、親と子をつなぐ心のパイプが、ほとんど詰《つ》まりかかっている状況です。

しかし、完全に詰《つ》まっているかというと、そうではありません。まだかろうじてつながっている部分があります。それはどこかというと、子どもが、時々帰ってくる、

そして、ご飯《はん》を食べていく、あるいは洗濯物を出していく、ということです。

これは、親に対する一つの甘えです。要するに、まだどこかで親を当てにしている部分がある、ということです。

親からいうと、こちらの言うことはちっとも聞かずに、都合《つごう》のいい時ばかり頼ってくる、と考えがちですが、コミュニケーションが、ここまで危機的状況になってくると、むしろ、ここではこの甘えこそ、大切にする必要があります。甘えこそ、パイプ詰《づ》まりを打開する、鍵《かぎ》なのです。

子どもが、外泊を繰り返し、ここまで反抗的《はんこうてき》になるには、きっとそれだけの理由があったのだと思います。この家の中に自分の居場所《いばしょ》はない、家にいると息が詰《つ》まる、という思いが必ずあったはずです。

それは、例《たと》えば、親がケンカばかり繰り返しているとか、否定するようなことばかり言われてきたとか、父親がしょっちゅう殴《なぐ》ってくるとか、母親がいつもイライラしていて口うるさいとか、いい子を求められてとても我慢《がまん》してきたとか、いろんな理由があるのですが、とにかく家に居場所《いばしょ》がないのです。だから、外泊を繰り返すのです。

しかし、たまに家に帰ってくる、ということは、自分の部屋があり、自分の持ち物があることが一番の理由ですが、どこかに、子どもなりの不安があって、ちょっと、家に帰ってほっとしたい、とか、親に頼りたい、という気持ちがあるのです。友達の家に泊まっていても、しょせんは他人の家ですから、気も遣《つか》いますし、落ち着きませんでした。本当は、自分の家で落ち着きたいのです。

ところが、そう思って帰ってきた時に、

「いいかげんにしろ！　勝手なことばかりして！　もう二度と帰ってくるな」

と言われると、本当は、どんなことがあっても親は自分のことを最後まで見ていてくれると思っていたのに、突《つ》き放《はな》された気になります。

そうすると、口では、

「分かったよ。こっちこそ、おまえらのウザイ顔見ないで、せいせいすらあ！」

と言いますが、心はとても悲しい気持ちになります。そして、捨て鉢になります。

帰ってこなくなるばかりか、確実に、非行に拍車がかかります。

「親にすら見捨てられた自分に、生きている価値はない」

「誰《だれ》も分かってくれないし、もう自分はどうなってもいい」

らです。

と思い、自分をとことん堕落《だらく》させることで、自分を見捨てた親へ復讐《ふくしゅう》しようと思うか
ですから、ここまでパイプ詰《づ》まりが深刻な時には、「二度と帰ってくるな」ということは、絶対に言ってはならない言葉なのです。最後のつながりを叩《たた》き切《き》る言葉になるからです。

ではどうするか、というと、この場合は、黙って、ご飯《はん》を食べさせる、そして、洗濯もするのです。親としては心配だと思いますが、本人が言いたくないことは、問いただしたりせず、あたりさわりのない会話だけにします。そして、家に帰ったら、ほっとできる、気を遣《つか》わずに安心できる、そういう場所にするのです。

そうすると、子どもは、機嫌《きげん》のいい時は、自分から、少しずつ話をするようになってきます。それを、きちんと聴きます。すると、さらに、

「実は、昨日、あいつの所に泊まったんだけどさー」

とか行き先を言うようになります。

それでも、まだ言っていないことはたくさんあります。

このように、子どもの話を否定せずに聴いていくと、最後には、「今、実は、ちょっとヤバイ奴《やつ》と付き合っていて」などと、本当に心配なこと、そして子ども自身も、これはまずいんじゃないか、と不安に思っていることを話してきます。

その時に、まずしっかり話を聴いたうえで、「あなたにとっては、大切な友達だとは思うけど、そういうことは、私は心配。それだけは、やめてほしい。私の知り合いで、こういうことがあったんだけど……」と親としての意見をきちんと述べて、経験したこと、見聞きしたことを交えて、決してやってはならないこと、危険なことはやめてほしい、とハッキリ伝えます。

そうはいっても、たいてい、「ふーん」とか聞いているだけで、すぐにはやめませんが、しかし、少しは参考にするはずです。繰り返し伝えているうちに、子ども自身、自分なりに考えて、やめるようになってきます。どうしても抜けられない場合は、そのことを相談してくるようになります。

都合《つごう》のいい時だけ頼ってくる、といいますが、子どもはつらいからこそ、最後は親に頼ってくるのです。

断絶しかけたコミュニケーションを回復するには、そのように頼ってくる、わずかな甘えを、大切に大切に育てていくのが、ポイントです。

Q10

子どもが、また家出をするのでは……と不安です

中学生の子どもが家出をしました。携帯《けいたい》もつながらず、捜索願まで出しました。幸い、二日後に見つかり、戻《もど》ってきましたが、その後は、全く口をきこうとしません。また何かあれば、家出をしてしまうのではないか、と不安です。

A10

家出に至《いた》るには、いろいろないきさつがあったと思いますし、その事情を、しっかり聴くことができれば、ある程度、解決することはできると思います。しかし、こういう時は、たいてい何を聞いても答えませんし、子ども自身も、どうして家出したのか、あまり言葉にできないことが多いです。

では、どう対応すればいいのでしょうか。

まず、子どもが、家出をして帰ってきたら、お父さんは、家で、子どもと顔を合わせた時、一言《ひとこと》、「心配したぞ」とだけ言う。それ以上、どこへ行ってきたのか、誰《だれ》と一緒《いっしょ》にいたのか、いちいち問いただしたりしない。

そして、お母さんには、その晩、腕《うで》によりをかけて、ごちそうを作ってもらう。子どもも大きくなると、お母さんが手作りのごちそうを作っても、あまり喜ばないのですが、この時の、一切、子どもを責めることなく、ただ心を込めて作ってくれたごちそうは、もしかすると、子どもの心に伝わるかもしれません。

そして、子どもの気持ちが落ち着いたら、翌日にでも、家出した理由を尋ねてみます。子どもは、「別に」とか言って、なかなか言おうとしないかもしれません。でも、子どもが家出をする理由は、決まっています。

それは、「こんな家に、いたくない」という気持ちです。

どうしていたくないのか、それは、親御《おやご》さんも、もしかするとどこかで分かっているのではないでしょうか。子どもの居心地が悪い家は、たいてい、親自身も居心地が悪い家だからです。

子どもが、「こんな家、出てしまいたい」と思う時は、親も、どこかで、「こんな家、帰りたくない」と思っているのかもしれません。

そこで、「どうして、このくらい、我慢《がまん》できないの！　親だって、こんなに我慢《がまん》しているのに！」と言うのでなく、「考えてみたら、あなたが家出したくなる理由、分かる気がするわ。私だって、時々、逃げ出したくなるもん」と言ってみたらどうでしょう。

そうすると、子どもは、ぽつりぽつり、今まで我慢《がまん》してきたこと、嫌《いや》だったことを、少しずつ話しだすかもしれません。

子どもの居心地が悪い家は、みんなも何か、ギクシャク、ピリピリしている、息が詰《つ》まる家なのです。

子どもの家出をきっかけに、お互いの気持ちを話し合い、そこから、本当に、みんながほっとできる、温かな家に変えていくことができるかもしれません。

もちろん、悪いことを悪いと知らせることは大切ですが、それは、子どももたいていは知っています。知っていて、それでもやる子に、どう言えばいいのでしょうか。

実は、非行に走る子の心の底には、二つの心が必ずある、と思っています。

それは、怒りと、自己肯定感《じここうていかん》の低さです。

怒りは、周りの人から攻撃《こうげき》を受けた、被害体験が元になっています。

親からの虐待《ぎゃくたい》や、暴力、体罰《たいばつ》、否定、放任《ほうにん》。兄や姉からの暴力。学校の先生からの否定や体罰《たいばつ》。友達のいじめ。そういうことをされると、人間は当然、腹が立ちます。それが怒りです。

しかし、子どもは怒りだけでは、まだ非行に走りません。怒りをバネにして、がんばる、ということもあります。あるいは非行に走っても、それほどエスカレートせずに、いずれ戻《もど》ってきます。

怒りに、自己肯定感《じここうていかん》の低さが加わった時、子どもは、非行にどんどん深入りします。

要するに、「自分がそういうことをされるのは、自分に価値がないからなんだ」「自分はいらない人間なんだ」「人間のクズ」「どうせ自分なんか……」、そう思った時、人間は、捨て鉢になり、世の中のルールに反逆を試みます。

自分を貶《おとし》めることで、自分に対して暴力を働いた人に、復讐《ふくしゅう》を試みます。

現実には、こんなことをしても復讐《ふくしゅう》にはならないし、たとえなったとしても、そんなことのために、自分の人生がどうなってもいい、というのは、決して賛成できません。

しかし、本人の気持ちは、こうなのです。

ですから、逆にいえば、この二つの気持ち、「怒り」と「自己肯定感《じここうていかん》の低さ」を解消すれば、子どもは立ち直るきっかけを得《え》る、といえます。

怒りに対しては、一番有効なのは、本人に被害を与えた人自身の直接の謝罪です。自己肯定感《じここうていかん》の低さに対しては、家族が、あなたは大切な人だよ、必要な人なんだよ、ということを、いかに言動で伝えていくか、ということです。

一生懸命《いっしょうけんめい》、ごちそうを作って食べさせる、という方法は、「あなたは、どんなことをやろうとも、やっぱり、大切な家族だよ。この家には、必要な人間なんだよ」ということを伝える、大きなメッセージになります。

それが伝われば、子どもも自然と、「こんな自分でも、見放さないで大切にしてくれる家族を、裏切ってはいけない」と思うようになります。

子どもを非行や犯罪から最後に守るのは、ルールやしつけではなく、親から大切にしてもらったことから、自然と出てくる、「この親を裏切れない」という心です。

Q11 口べたの息子の会話能力を高めるには？

高校生の息子が人と話すのが苦手《にがて》で自分をうまく表現することができません。親としてどのように会話能力を高めてやることができるでしょうか？

A11

人と話すのが苦手《にがて》な人の場合、自分が何か言うと、否定されるのではないか、という恐れを持っている人が多いです。そしてその多くは、過去に、自分が何か、思うことを話した時に、否定されたり、無視されたり、曲解された経験を持っている人が多いです。

こういう人には、特に、身近な人が、本人の言葉を、一切否定せずに、じっくり話を聴く。そして、「大きくうなずく」「相手の言葉を繰り返す」「なるほど」「そうか、それは気がつかなかった」「ありがとう、教えてくれて助かったよ」など、能動的な聞き方で、相手の話を引き出していく。そして、しっかり話を聴いたうえで、本人の気持ちを、「こういう気持ちだったんだね」「要するに、こういうことだね」と言葉にしたり、要約したりしていく。こういうことを繰り返していくと、本人の話しかけが次第《しだい》に増えていきます。

そこで、またこれを繰り返す。これを根気強く続けていくことが、会話能力を育てることになると思います。

Q12

息子が、発達障害の疑いがあると言われました

私の息子は、中学二年になりますが、もともと人とのコミュニケーションが苦《にが》手《て》で、学校でも孤立《こりつ》しがちになっているようです。先日、スクールカウンセラーから、アスペルガー症候群《しょうこうぐん》の疑いがあると言われました。どのように今後関《かか》わっていけばよいでしょうか。

A12

アスペルガー症候群《しょうこうぐん》は、いわゆる発達障害の一つで、人とのコミュニケーションの困難を特徴とする状態です。例《たと》えば、人の気持ちを酌《く》み取《と》りづらい、場の空気が読みにくい、特定のことへのこだわりがある、などです。一方、記憶力がよい、正義感が強い、などの長所も多くあります。

発達障害には、その他、多動や不注意を特徴とするADHDや、特定の教科（算数や国語など）が極端《きょくたん》に苦手《にがて》な学習障害といわれるものもあります。

発達障害は、ここ十年で急速に認識が広まってきたことから、気づかれることも多

くなり、現在は、それっぽい人も含《ふく》めると、だいたい一割《いちわり》、ですから、四十人のクラスだと、三、四人が発達障害ということで、それはだいたい現場の先生方の実感と一致する数字ではないかと思います。

発達障害は、平均的知能は正常であるため、小学校入学時の就学時健診でも特に引っかかりませんし、「ちょっと変わってるな」「ちょっと落ち着きがないな」くらいで学校に入ってきます。しかし、発達障害は、一言《ひとこと》でいうと、能力の凸凹が非常に大きい人です。普通の子どもでも、多少は得意不得意がありますが、それが極端《きょくたん》であるため、ある部分では、人一倍能力を発揮するけれども、ある部分では全くできない、ということになります。

そうすると、やればできるのに、ちっともできない、とか、我慢《がまん》できるはずなのに、ちっとも我慢《がまん》ができない、と周りには見えることになります。そうするとそれは、本人の努力が足りないからだ、わがままだからだ、と叱《しか》られることになります。

実際は努力や性格の問題ではなく、もともと大きな困難を抱《かか》えているからできないのです。やる気がないのではなく、本当にできないのです。それを理解されないために、周囲から叱《しか》られ続《つづ》け、バカにされ続けて、結果として、自己肯定感《じここうていかん》が極めて低くなってしまっている子どもがあります。これをいわゆる「二次障害」といいます。周囲の関《かか》わりによって、後天的に、二次的に作られた障害だということです。この二次障害が、その後の生きづらさに直結してきます。

ですから、発達障害の子どもへの関《かか》わりで何より大切なことは、二次障害を引き起こさない、いかに自己肯定感《じここうていかん》を育《はぐ》む関《かか》わりをしていくか、ということです。そのためには、本人の特性をよく理解し、得意な部分は伸ばし、苦手《にがて》な部分は、叱責《しっせき》するのではなく、大人の手助けが必要なのですから、手助けをしながら改善していく、決して、本人の怠《なま》けやわがままと考えたり責めたりしない、ということだと思います。

そういう意味では、発達障害があろうとなかろうと、あるいは、身体障害でも知的障害でも、同じことがいえます。

障害があっても、その特性を周囲から理解されて、得意な部分を伸ばし、幸せに生きている子どもはたくさんあります。逆に障害がなくても、周囲から責められ続けて、自己肯定感《じここうていかん》が低くなり、苦しい思いで生きている子もたくさんあります。

何より大切なことは、やはり子どもの自己肯定感《じここうていかん》をいかに支え、育《はぐ》んでいくか、ということです。

COLUMN

それは0（ゼロ）じゃない

子どもに関《かか》わる仕事をしていると、「やってもやっても変わらない」「ちっとも進歩しない」「ちっとも改善しない」と、無力感に襲われることがあります。

しかしそういう時、私は思うようにしているのです。

「それは0じゃない」と。

言っても言っても、子どもの行動はちっとも変わらない。こんなの言っても意味ないんじゃないかと思えてきます。でも、言ったことは必ず子どもに伝わっています。その一言一言《ひとことひとこと》の積み重ねが、少しずつ子どもの行動を変えることにつながっているはずです。

授業中、言うことを聞かない、注意するとすぐキレる、何度言い聞かせても子どもの行動は変わりません。でも、その先生の努力は必ず子どもに伝わっています。その積み重ねの中で、必ず子どもは気づく時があるはずです。

外泊を繰り返し、警察からはしょっちゅう呼び出しがある。そのたびに、相手方に謝《あやま》りに行く。いったいいつまでこういうことを続ければいいのか、と途方に暮れてしまいます。しかし、やってもやっても子どもに向かい合い続ける親の行動を、子ども

COLUMN

はちゃんと見ています。それがいつか子どもの心に届く時があるはずです。

0の積み重ねはどれだけやっても0です。しかし、1の積み重ねは、0ではありません。2となり、3となり、10となり、それがやがては100になるのです。最初から100を求めると、1の変化は微々《びび》たるものです。ほとんど意味がないように思えるかもしれません。でも、1は、ちゃんと1なのです。

それは、0ではありません。

天王寺の釣り鐘も、指一本で動くといいます。

先日届いた、保護者の方の手紙の中に次のように書かれていました。

「何よりも健康な体と笑顔を取《と》り戻《もど》し、元気になってくれたことを大変うれしく思っています。お友達が遊びに来たり、最近ボーイフレンドも遊びに来たりで、本当に楽しそうです。今までお世話になった方々に感謝の気持ちでいっぱいです」

そういう日が必ず来ると信じて、これからも一歩一歩、着実に、自分にできることを、たとえ微々《びび》たることでも、やっていきたいと思います。

Q13

思春期の、父親の役割を教えてください

思春期《ししゅんき》の子育てにおける、父親の役割《やくわり》とは何でしょうか。

A13

子どもが自立に向けて歩みだす思春期《ししゅんき》、私は、お父さんの存在がもう一度、大切になる時期だと考えています。

ただ、それまで無関心だったのに、いきなり登場しても、なかなか子どもは言うことを聞きません。一番いいのは、それまでの関《かか》わりが十分あったうえで、ということだと思います。

さて、ここでお父さんということですが、正確にいうと、お父さん的な役割《やくわり》、というほうがいいかもしれません。

というのは、こういう役割《やくわり》は、必ずしも、お父さんでなければならない、ということではなく、お母さんや、あるいは、おじさん、学校の先生、塾《じゅく》の講師、などが果《は》たす場合もあるからです。

(1) お母さんのサポート

お父さんの役割《やくわり》は、まずこれです。子どもの日常に向かい合い、一番苦労しているのが、ほとんどの場合、お母さんです。そのお母さんの話をしっかり聴いてあげることと、そして、苦労を労《ねぎら》ってあげること。「大変だったね」「おかげで助かったよ、ありがとう」と伝えていく、それだけで、お母さんは、随分《ずいぶん》楽になります。

(2) 母親の呪縛《じゅばく》から救い出す

こんなことを書くと、お母さんたちから、キツーい、バッシングに遭《あ》いそうです。でも、子どもにとって、お母さんというのは、とても大切な存在であるだけに、強い吸引力を持つのです。特に、男の子の場合にそれは顕著《けんちょ》です。

母親に家庭内暴力を繰り返していた、男の子に対して、父親が、ある時、「俺《おれ》の女に手を出すな！」と言ったところ、暴力がぴたりと止まった、という話があります。母親は子どもを所有物のように思い、子どもも、母親を所有物のように思っていたところに、父親が入って、その関係を切った、母親は、自分だけのものではないんだ、と子どもが知った時に、逆に子どもは楽になれたのではないかと思います。

(3) 社会への窓口

これは、お父さんは、家の中では、社会に一番近い場所にある、ということから、子どもは、お父さんを通じて、社会を見る、ということです。

お父さんに認められ、受け入れられている、と感ずる子どもは、社会からも認められ、受け入れられている、と感じます。逆に、お父さんから、否定された子どもは、社会からも、拒否されていると感じます。

実際、対人恐怖《たいじんきょうふ》といって、人前に出ることに、強い緊張感《きんちょうかん》を持つ人たちの中には、父親から暴言、暴力を受けていたり、否定されていたり、また父親が無関心だったり、関係が希薄《きはく》で、お父さんは、自分のことをどう思っているか、ちっとも分からない、という子どもがあります。

子どもが自立を始めた時、心の中は、まだ不安でいっぱいです。そういう時に一言《ひとこと》、「大丈夫《だいじょうぶ》、おまえならできる」と後を押してやってほしいのです。

(4) なめたらあかんで

十分に甘えることのできた子どもは、社会への自立を始めます。

しかしまだ、世の中のルール、ということを知らず、すべてが許されると思っています。社会に出た時に、いろいろな人と出会い、衝突《しょうとつ》する中で、少しずつ、世の中の掟《おきて》を学んでいくのですが、いったん走りだすと、止まらないのが子どもです。

特に、集団になると、ルールも何も無視して突《つ》っ走《ぱし》っていきます。こういう時に、適切にブレーキをかけ、世の中、なめたらいかんよ、ルールを無視したら、それなりの報《むく》いが来るよ、ということを、人生の先輩として教える、これも大切な役割《やくわり》だと思います。

(5) ジョークを言う

お母さんは、いつも家事や仕事に追われているので、なかなか余裕がありません。そういう時に、ちょっとしたジョークを言えるお父さんは、家の雰囲気《ふんいき》を和《なご》ませます。たいてい、「さむーっ」とか、「ひでえ、オヤジギャグ」とか、言われるのがおちなのですが、それでも、ガミガミ怒るお父さんよりましです。ユーモアのセンスを持つことは、人付き合いでも大切です。

Q14 子どもを、どこまで信じてやればいいのでしょうか

子どもを信じよ、と言われますが、どこまで信じてやればよいのか迷います。

A14

子どもを信ずることは、大切です。子どもに任《まか》せて、「おまえを信じているからね」と伝える。それによって、子どもは、信頼された、親は自分を認めてくれた、と思い、そういう親の信頼を裏切るまい、応《こた》えようとします。それが、子どもの成長につながります。

「おまえは信じられない」と言い続けると、「自分は、どうせ何をやっても信じてもらえないんだ」と思って、本当に信じられない子になってしまいます。子どもを信頼することは、子どもの自己肯定感《じここうていかん》を高め、自立させるのに大切なことなのです。

しかし、信ずると同時に、お互い人間だから、いつどこで転ぶか分からない、ということも、心のどこかで踏《ふ》まえておく必要があります。そういう可能性を念頭におくと、信じながらも、チェックのアンテナは張り続けることになります。そして、明ら

かに、子どもが道を踏《ふ》み外《はず》している、というサインを見つけたら、介入《かいにゅう》します。

「信ずる」ことは、「思い込む」こととは違います。思い込む人は、「うちの子どもに限って、こんなことをするはずがない」と言います。それは、子どもの悪の部分から、目をそらしている人です。子どものために信ずるのではなく、不安から自分を守るために、信じ込んでいます。そういう大人には、子どもは、サインを出すことができませんし、出したとしても、見逃されてしまいます。そういう子どもは、大人の知らないうちに、どんどん道を踏《ふ》み外《はず》していくことがあります。

大人の心配は、子どもの不安でもあります。そういう不安を全身で受け止めて、大人がそれを乗り切って、信じてやる時、子どもも不安を乗《の》り越《こ》えることができるのです。

Q15

親に黙って、姑からお金を借りていたようです

高校二年生の息子が、スマートフォンを買うために、姑《しゅうとめ》からお金を借りていたことが分かり、本当にショックです。性格はおとなしく、問題行動もなかったので、まさか親以外の誰《だれ》かからお金を借りるなんて、思いもよりませんでした。

A15

子どもの自立というのは、三段階あるといわれます。

最初は、〇歳から六歳の、排泄《はいせつ》や食事、着替《きが》えなどが自分でできるようになる「身体的自立」。次は、思春期《ししゅんき》の「反抗期《はんこうき》」ともいわれる、「精神的自立」。最後は、十八歳以降、大学に進学した人だと、二十代半ばになる人もありますが、自分で仕事に就いて収入を得《え》るようになる「経済的自立」。

そういう意味で、高校生の年代というのは、精神的自立は果《は》たしているけれども、経済的にはまだ依存《いぞん》している時期です。

具体的にいうと、どういう行動になるかというと、「言うことはちっとも聞かない

けれども、お金の要求だけはしっかりしてくる」ということになります。

精神的には自分の考えを持ってきていますから、親の言うことは、聞きません。しかしまだ収入は得《え》ていないので、お金は親に頼らざるをえないということです。

ですから、こういう子どもの行動は、決してわがままなのではなく、この年代の普通の行動パターンだということになります。

私は高校生にもなれば、携帯電話《けいたいでんわ》はある意味、生活必需品ではないかと思います。高校生の子どもがスマートフォンを欲しがるのも私は自然の成り行きだと思います。ただそれをどうして親に言わずに、姑《しゅうとめ》や友達にお金を借りて買ったのか、ということです。

私はそれは、お子さんが、もともとても親に気を遣《つか》う、優《やさ》しい子だからではないかと思います。そういう子は、親に心配かけまいとして、親にはいい情報しか伝えません。親の前で、ある意味いい子になっているのです。

それは、決して親をだますということでなく、親に心配かけないことが、そういう子の最大の行動規範《こうどうきはん》になっているのです。

しかし親からすれば、たとえ悪いニュースであっても、子どものことであれば知っておきたいと思いますし、そういうことも含《ふく》めて受け止めてやるのが親だし、本当の親子関係というものだと思います。

今はこのように、親の前でいい子にふるまう子が増えています。だから本当に心配なこと、悩んでいることを親に相談できないで、精神的に孤立《こりつ》してしまうのです。ですから私はこれは一つのチャンスだと思います。

「おまえがスマホが欲しいという気持ちはよく分かった。そういう気持ちは、親としても、決して頭から否定するつもりはない。だからこれからは、何でもまず親に相談してほしい。困っていることは何でも相談し合うのが、家族というものじゃないか。親が知らないことを、親戚《しんせき》がまず知っている、なんて、親からすれば、こんなに淋《さび》しいことはないよ」

と、決して叱《しか》るのではなく、親の気持ちを伝えてはどうでしょうか。

そうすれば、これをきっかけに、逆にいろんなことを相談し合える関係になるかもしれません。

Q16

子どもが、お金の要求ばかりしてきます

子どもが、親の言うことは全然聞かないのに、お金の要求は当たり前のように、平気でしてくるので、頭にきます。

A16

子どもが、やるべきことをちっともせず、自分の都合《つごう》のいいことだけ要求してくる、思春期《ししゅんき》の親には、つきものの悩みですね。

確かに、自分の要望をかなえるためには、自分がやるべきことをちゃんとやってから、と教えることも大切です。しかし、「言うことを聞かない」のは、自立心の表れで、思春期《ししゅんき》には当然のことですし、お金は、まだ稼ぐ能力はありませんから、必要なお金を要求してくるのも当然です。

ですから、お尋《たず》ねのような様子は、決して、悪い子だからなっているのではなく、思春期《ししゅんき》になったら、当然の状態ともいえるのではないでしょうか。

十代の子どもに、親の愛情を伝えるには、どうしたらよいでしょうか。抱《だ》きしめて

も、「気持ち悪い」と言われるだけですし、話もしてきません。

そういう時は、私は、必要なお金や物を与える、ということも、一つの愛情表現ではないかと思っています。

「平気でお金を要求してくる」ということは、求めれば、ちゃんと親は応《こた》えてくれる、と信じているからこそ、出てくる行動です。そういう信頼関係がなければ、決して親に求めてきたりはしないでしょう。

お金で、子どもの歓心《かんしん》を買おうとするのは、間違いですが、必要なお金を渡すことは、子どもの信頼に応《こた》えることだと思います。

Q17

息子は人前に出るのが苦手で、学校も欠席しがちです

高校生の男の子ですが、人前に出るのが苦手《にがて》で、学校も欠席しがちです。先日、自分のことを、皆が「クサい」と噂《うわさ》している、と言ってきました。学校に確認したところ、そういう事実はないようですし体臭《たいしゅう》もきつくありません。

A17

人と会うのが怖《こわ》い、人と一緒《いっしょ》にいるのが怖《こわ》い、人と目が合わせられない、人前でしゃべるのが苦手《にがて》、などの状態を、対人恐怖《たいじんきょうふ》、といいます。文字通り、人が怖《こわ》い、という症状《しょうじょう》です。

対人恐怖《たいじんきょうふ》は、日本人に多い神経症《しんけいしょう》として、昔から知られていますが、近年は、不登校や、引きこもりとの関連で、再び注目されています。

対人恐怖《たいじんきょうふ》が、発展すると、自分は、醜《みにく》い容姿をしている、とか、頭髪《とうはつ》が少なくなっているために、外出できない、という症状《しょうじょう》になることもあります。

また、自分は、クサい臭《にお》いを発している、とか、きつい目つきをしているために、

人に迷惑をかけている、人から避《さ》けられている、と感ずる人もあります。醜貌恐怖《しゅうぼうきょうふ》とか、思春期妄想症《ししゅんきもうそうしょう》ともいわれ、一見《いっけん》、被害妄想《ひがいもうそう》のように見えるために、精神病を心配されることもありますが、対人恐怖《たいじんきょうふ》は、精神病とは違います。

これらの人の多くは、決して、醜《みにく》くもないし、それほど頭髪《とうはつ》も少なくなっていないし、クサい臭《にお》いを発しているわけでもないし、それほどキツい目つきでもありません。ただ、学校などで、クラスの人から、「クサい」とか、「目つきが悪い」と言われたことがきっかけで、そうに違いない、と考えだしたのですが、いったんそう考えだすと、周囲が、いくら、そんなことはないから、とか、説得しても、それは、自分を慰《なぐさ》めるために言っているんだ、本当は、事実なんだ、と頑固《がんこ》に主張します。

不登校や、引きこもりの人に、よくよく話を聴いてみると、実は、こういう問題で悩んで、それがきっかけで、人前に出られなくなった、それを今まで誰《だれ》にも言えずにきた、という人が時々あります。

対人恐怖《たいじんきょうふ》の人は、一般的に、自己肯定感《じここうていかん》がとても低いです。自分は、存在価値のない人間だ、恥ずべき存在だ、と感じています。その理由として、時々あるのが、厳格な家庭で育ったり、学校でのいじめなどで人格を否定されるような体験を繰り返してきた場合です。

鬼束ちひろの歌に、次のような歌があります（『流星群』作詞・鬼束ちひろ）。

「呼ぶ声はいつだって　悲しみに変わるだけ

こんなにも醜《みにく》い私を　こんなにも証明するだけ」

これについて、あるインタビュアーが、「でも、（鬼束さんは）ステージに立つと、かわいいって言われるでしょう」と聞いたところ、本人は、「外見とかじゃなくて、存在自体がすごい醜《みにく》い気がするんですよ」と答えています（田家秀樹『ジャパニーズポップスの巨人たち』ＴＯＫＹＯ　ＦＭ出版）。

アダルト・チルドレンといわれる人たちも、本当の自分は、人前にさらすことが恥ずかしいような存在だ、と、感じています。

「そんなことはないよ」と強く説得するのも一つの方法ですが、彼らを本当に救い出すのは、やはり、「あなたは大切な存在だ」「存在価値のある人間だ」と、周囲の大切な人から、十分に認められることではないかと思います。

Q18

自傷行為を繰り返す子どもに、何もしてやれません

子どもが、精神的に不安定で、時々、手首を切ったり、自傷行為《じしょうこうい》をしています。母親には、いろいろ話をしているようですが、父親の私には、近づいてきません。子どもが苦しんでいるのに、何もしてやれないことがつらいです。

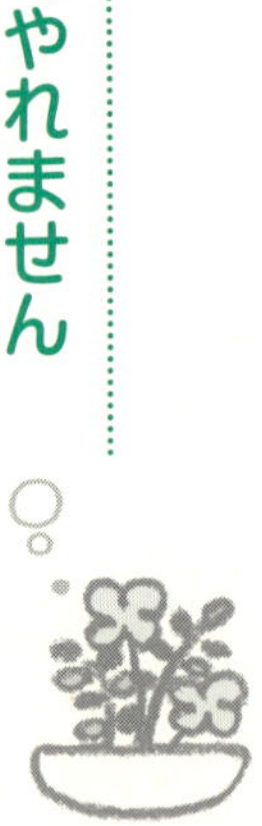

A18

何もしてやれない、とおっしゃいますが、そんなことはありません。

まず、お父さんは、働くことで、子どもに衣食住を提供しておられます。衣食住は、子どもにとって、とても大切です。お父さんが、汗水《あせみず》流して働いているおかげで、子どもは、自分の苦しさを表現する時間と、場所を確保されています。

家によっては、子どもが学校へ行かなくなると、兵糧《ひょうろう》攻《ぜ》めをしたり、家から出ていけ、と言う親がありますが、これは、弱っている子どもに、さらに生きる最低限の保障さえも奪《うば》うことで、とても人間のやる行いではありません。子どもに、衣食住を提供する、ということは、親が、弱っている子どもに対してしてやれる、大きなサポー

トです。

さらに、このお父さんは、子どもの現状に対して、「わがままだ」とか、「甘えている」と、否定することなく、子どもの苦しみに共感しておられます。それだけでも、子どもにとっては、大きな救いです。

子どもが、お父さんに近づこうとしないのは、いろいろな理由やいきさつがあるとは思いますが、お父さんも、あまり自分を責めないで、必要なサポートを続けていかれたらよいと思います。

そして、子どもには直接関《かか》わることができなくても、間接的に、子どもに振《ふ》り回《まわ》されて参っている、お母さんを助け、話を聞き、苦労を労《ねぎら》ってあげることはできると思います。そういう気持ちで関《かか》わっている限り、いつか必ず、お子さんと、普通に話のできる時が来ると思います。

Q19

高校入試に落ちても、全然こたえていないようです

息子のことですが、高校入試に二つとも落ちてしまいました。それなのに、毎日、友達と遊んでばかりいて、全然、深刻さがありません。一発、ガツンと言いたいと思いますが、いかがでしょうか。

A19

親は大変なショックを受けて、来年こそは、と思っているのに、肝腎《かんじん》の本人が、少しも落ち込んだ様子がなく、逆にヘラヘラ遊んでいると、親としては、いったいどういうつもりなんだ、と思うのも無理ないです。

しかし、本人は、本当に何も悩んだり、不安に思ったりしていないのでしょうか。彼なりに本当は不安でいっぱいなのに、それを親の前では見せたくなくて、あるいは、みじめな自分を認めたくなくて、明るいふりをしているだけではないでしょうか。

「絞首台《こうしゅだい》の笑い」という言葉があります。これから絞首台《こうしゅだい》に上がろうとする人は、皆がみな、泣いたり暗い顔をしているわけではありません。中には、笑いだす人もある

のです。人間は、本当に絶望しきった時や悲しみきった時、笑う、という形でしか表現できないこともあります。

行くつもりだった高校に、二つも落ちて、少しも傷ついていないはずはないと思います。人のことではない、自分のことです。本当は、とっても不安だったり、自分に絶望しているかもしれません。

よく「明るい不登校」とか、おちゃらけてばかりいる非行少女、とか、大人としては、いったい何を考えているのか、全く反省の色がない、といらだつことが多いですが、よくよく話を聴いてみると、彼らなりに、いろんな不安を抱《かか》えていることが多いのです。

一発、ガツンとやるのもいいですが、傷ついている心に、さらに土足で入って、踏《ふ》み荒《あ》らすようなことだけはしないでほしいと思います。

Q20 近所に、様子が気になる子どもを見かけます

地域で関《かか》わっていて、気になる子どもを見かけることがあります。親とは、ふだん面識もないので、声をかけることもできず、でも、子どもの様子を見ていると心配なのですが、何か、効果的な声のかけ方はあるでしょうか。

A20

子どもが心配だからといっても、いきなりその親御《おやご》さんに、「もっと子どもを見てやってください」などと言うと、「人の家のことにいちいち口出ししないでください」と腹を立てられるのがおちです。だいたい、そういう家は、すでに、いろんな心配事を抱《かか》えていて、子どもどころではない場合が多いので、そのうえに、近所からそういう目で見られているとなると、よけい親を追《お》い詰《つ》めることになってしまいます。

虐待《ぎゃくたい》とか、明らかに不適切な養育の場合には、児童相談所に通告したり、地域の児童委員や民生委員に相談する、という方法もありますが、そこまでいかない場合も多いです。親御《おやご》さんと、知り合いになって、いろいろと話し合えるようになればいいの

ですが、実際に機会を持つことは難しいです。

私がまず、最初に勧《すす》める方法は、子ども自身に力をつける、という方法です。つまり、子どもと仲良くなって、遊んだり、認めたりする。子どもというのは、どこか、一つの場所でちゃんと認められると、元気になれることがあります。それだけでも、子どもは、随分《ずいぶん》、救われたり、ほっとしたりします。

そのうえで、もし、子どもが、悩みを相談してきたら、しっかり聴く。そして、「君の言うことはもっともだよ」「そんなことがあったら、傷つくのも無理ないよね」「君は、ちっともおかしくないよ」と、伝える。

（ただ、ここで聴いたことをむやみに他言しない、ということが、子どもをこれ以上傷つけない最低限のルールです）

そのうちに、子どもも少し自信がついてきて、もしかすると、自分の口で、親に、困っていること、不満なことを言えるようになるかもしれません。そうすると、親も、少しずつ、子どもの心に気がついてきます。最初は、家の中が多少ごたごたするかもしれませんが、それは、その子にとっても、親にとっても、とても大切なプロセスで、それを通過するうちに、子どもは元気になってくることが多いです。

Q21

子育てで、これだけは忘れてはいけない、ということは?

子育てには、いろいろな考え方や方法があると思いますが、どんな場合でも、これだけは忘れてはいけないというような、共通したものは、あるでしょうか。

A21

子どもを、自分の持ち物のように思わない、ということだと思います。子どもといっても、一人の、人格を持った人間です。たとえ親子であっても、人間対人間です。ここから、子どもの気持ちを尊重し、子どもなりの生き方を大切にする、という姿勢が生まれてくると思います。

逆にいえば、子どもをストレスのはけ口にしない、子どもの人生を、親の自己実現のために使ったりしない。子どもの人生は子どもの人生。親の人生とは別です。それを踏《ふ》まえたうえで、お互い、よくよくの縁で、親子としてこの世に生まれてきたんですから、ともに支え合うことができれば、それ以上のことはないと思います。

猛烈《もうれつ》な「教育ママゴン」に育てられ、十年間、引きこもった、勝山実、という人は、今、親に何を望むか、と聞かれて、次のように答えています。

「自分の人生を生きてほしいですね。子供にはもう構わないでほしい。親自身が好きなことをやってくれれば、子供はうれしいんです。母親がニコニコして自分のやりたいことをやってる、父親がやりたい仕事に熱中して楽しんでる、その姿を見たいんです。それで十分です」（『ひきこもりカレンダー』文藝春秋）

思春期の子どもからの質問

Q22

高校受験に失敗してしまい、落ち込んでいます

高校入試で希望の高校に入れませんでした。自信があっただけに、この現実に耐《た》えられず、苦しんでいます。両親は高等専門学校を勧《すす》めてくれましたが、入りたくありません。友達に知られたら、見下げられるのでは、と思うと、よけいに落ち込みます。

A22

望んでいる高校に入れなくて、本当につらかったと思います。今もなかなかその心の傷が癒《い》えないということですね。それも無理ないことだと思います。

ただ私は、これであなたの人生がすべて台無しになったとは思いません。

刀を作る時、鉄を打ちますが、もちろん打ちすぎると、鉄はボロボロになり、刀として機能しなくなりますが、逆に全く打たれることのない鉄で刀を作っても、すぐぽきっと折れてしまいます。人生でも、ずっと順調に来た人よりも、一度か二度、挫折《ざせつ》を経験した人のほうが、その後、ぐっと伸びていくような気がします。

大きくジャンプするためには、一度しゃがまなければなりません。今はつらいでしょうが、将来の飛躍《ひやく》のために、一度しゃがんでいる時期、エネルギーをためている時期だと思ってください。きっと立ち直れる日が来ると思います。

Q23

彼のことで頭がいっぱいで、勉強も手につきません

小学生の時に、インターネットで知り合った彼がいます。一度、連絡が途絶《とだ》えたのですが、二年たったあと、彼からまたメッセージがありました。それからは、毎日彼のことで頭がいっぱいで、勉強も手につきません。

A23

思春期《ししゅんき》の友人関係、恋人関係というのは、もともと依存的《いぞんてき》なもので、まだまだ不安も強く、その分、相手に依存《いぞん》してしまうのだと思います。大人になるための一つのプロセスだと思いますが、依存的《いぞんてき》な人間関係というのは、逆にいうと、苦しい関係でもあります。

自分の不安を、相手に解決してもらおうと思うので、相手が自分の要求に応《こた》えてくれる時、自分を全面的に受け入れてくれる時には安心できますが、それ以外の時、相手が自分の要求に少しでも応《こた》えてくれなかったり、少しでも否定されたりすると、とたんに不安になり、嫌《きら》われたのではないか、飽《あ》きられたのではないか、見捨てられた

のではないか、という気持ちが起きます。ですから、ついつい相手を束縛《そくばく》したり、過度の要求をしたりすることになってしまいます。

思春期《ししゅんき》のあなたには、まだ難しいことかもしれませんが、大人の付き合いを目指すべきだと思います。大人の付き合いというのは、お互いに自立した人間として、相手を尊重しながら付き合うということです。

自分の不安の解消を、全面的に相手に依存《いぞん》しない。そのためには、自分なりの目標を持ち、友達関係を持ち、自分の存在価値を支えてくれるものを複数持っておく。そのうえで彼と付き合うならば、少し彼からの連絡が遅くなっても、「彼も今は忙しいのかな。それなら自分も趣味に楽しみを見つけて気分転換しよう」とか、彼から否定されるようなことを言われても、「彼の考えがすべてじゃない。友達に相談してみよう」と思うことができます。

そういう付き合いを目指すためにも、やはり今は勉強することが必要だし、学校でのさまざまな人間関係や活動も大切にすべきだと思います。

「親しき中にも礼儀あり」といいますが、たとえ恋人同士であっても、お互いに立ち入ってはいけない領分はありますし、適度な距離は必要なのです。そういう付き合い方を身につければ、きっと長続きする交際ができるようになるでしょう。

Q24

親友にだまされて、がっかりしました

親友だと思っていた子に、この前のテストでがっかりしました。テストの重点項目として、暗誦《あんしょう》しなさいと、先生に言われた部分を、わざと隠《かく》して、私に別の所を教えたのです。親友なのに、どうしてこんなことをやるのでしょうか。

A24

彼女もいろいろとストレスを抱《かか》えているのでしょう。友達であっても、ついつい意地悪をしたくなることはあるものだと思います。

ただそれは、あなたのことを嫌《きら》いだから、ということではなく、彼女が（あなたとは別のことで）ストレスがかかっているからではないでしょうか。家で、勉強しろと

プレッシャーをかけられているとか、先生から重荷になるくらいの期待をかけられているとか、そういうことがあると、そのはけ口を別の所に向けたくなります。

もちろん、人をだますとか、意地悪することはよくないことです。されて嫌《いや》なことは、「こういうことはしないでほしい」と言っていいと思います。

ただ、この人は、こういうことをするところがあるんだな、きっと何かストレスを抱《かか》えているんだな、と、こちらもそういう理解をしておく必要もあるかと思います。

Q25

なかなか勉強の意欲がわいてきません

来年高校三年になります。今はまだ夏休みです。なぜか分かりませんが、毎日がむなしく過ぎているようで、不安を感じています。一日も早く大学の受験勉強モードに入ろうとしますが、できません。どうすればいいでしょうか。

A25

なかなか勉強意欲がわいてこない、エンジンがかからない、というご質問だと思います。受験に限らず、やらなければならないのに、やる気が出てこないことは、しばしばあることだと思います。プレッシャーばかり感じて、具体的に何をやるべきか見えてこないので、よけい不安になることもあるかもしれません。

こういう時の一つの方法は、一人でやっているとなかなか進まないので、人の力を借りる、ということです。

進学塾《しんがくじゅく》の主催するセミナーに参加するとか、塾《じゅく》に通う、というのも一つの方法です。人がやっているのを見ると、自分もつられてやる、ということがあります。

あるいは、友達と定期的に勉強会を開いて、一緒《いっしょ》にやる。一人でやっていてもなかなか進まないことでも、友達と一緒《いっしょ》に目標を設定すると、やらざるをえなくなってできる、ということもあります。友達とワイワイ言いながら勉強すれば、楽しみながら、知らず知らず身についていくこともあるでしょう。

近年の受験勉強のプレッシャーというのは、昔の比ではない気がします。現代の若者が直面する最大のストレスの一つといってもいいでしょう。しかしそれは逆にいえば、心が鍛《きた》えられる、成長させられる大きなチャンスとも、いえるのではないでしょうか。

Q26 自分がこうなったのは親のせいでは?と思うことがあります

自分を育ててくれた親に対して、今は、恨《うら》みも何もありませんが、どこか、自分をこうしたのは親ではないかという思いを感じる時があります。どのように処理したらよいでしょうか。

A26

恨《うら》みはないが……。この「が……」がくせ者です。やっぱり、どこかで恨《うら》んでいる、その気持ちを、どう処理したらよいか、ということだと思います。明らかに不適切な養育を受けてきて、そのために、今も苦しんでいる、ということなら、きちんと処理したほうがいいと思います。でないと、その恨《うら》みをまた、他の人に譲《ゆず》り渡《わた》してしまう可能性があります。

まず大切なことは、自分の心の中で、本当は、あの時、こうしてほしかった、でも、そうしてもらえなくて、こんな気持ちになった、あるいは、あんなこと、言ってほしくなかった、そのために、こんな気持ちになった、ということを、十分、自覚することです。そういう気持ちになるのは、子どもとすれば当然だし、子どもの自分は決して悪くなかった、ときちんと自覚するのです。

そのうえで、一番いいのは、それを親に伝えて、その点について、謝《あやま》ってもらうことです。そして、本当はこのように言ってほしかった、ということを伝えて、その通り、言い直してもらうことです。これがもしできれば、子どもは本当に楽になります。

しかし、現実には、親にそう言っても、理解してもらえないことも多いですし、逆に、再び否定されて、さらに二重、三重に傷つくこともあります。理解してもらうためには、まず、親が十分、癒《いや》されている必要があるのですが、そうでない場合が多いからです。

その場合には、一つは、出さない手紙を使うやり方があります。西尾和美氏は、次の四段階の方法を紹介しています（『アダルト・チルドレンと癒し』学陽書房）。

(1)出さない手紙を心の傷を与えた人にあてて書く。心から出てくるまま、怒り、悲しみ、恨《うら》みをぶつけて、今まで言えなかったことを書く。「どうしてあんなひどいこと言ったの！」など。

(2)次に、相手を責めないで、自分の気持ちを表現した手紙を書く。「あんなこと言われて、つらかったんだよ。悲しかったんだよ」

(3)次に、自分に対する優《やさ》しいいたわりの手紙を書く。「○○ちゃん、あんなこと言われて悲しかったね。あなたが悪かったんじゃないよ。まだ小さかったんだもんね。でもう大丈夫《だいじょうぶ》だよ」などと、自分を受け入れ、いたわり、認めて勇気づけていく。

(4)何回か以上の作業を繰り返して、心から自分を認め、相手を許せるようになったら、最後に、相手の事情を察し、理解する手紙を書きます。

以上ですが、いずれにせよ、あまり激しい感情が出る場合は、適切な治療者の下で行ったほうが安全です。

あとがき

「私たちは問題の根源ではありません――私たちは問題解決のために必要な資源です。

――中略――

私たちにふさわしい世界はすべての人にふさわしい世界だからです」

二〇〇二年五月、国連子ども特別総会の十八歳未満の代表による会合で採択《さいたく》された、子どもたちからのメッセージです。

子どもの側《がわ》に、問題の原因を求め、子どもを矯正《きょうせい》することで、解決を図《はか》ろうとするのではなく、子どもの声を聞き、それを、この社会に生かしていくことが、すべての人にとって住み良い世界を作ることになる、このメッセージは極めて、まっとうなことを述べています。

例《たと》えば、現在、高齢者《こうれいしゃ》の介護《かいご》が大切な課題となっていますが、暴力や暴言、過度に依存《いぞん》的《てき》などのいわゆる問題行動を示すお年寄りの多くが、子ども時代に、強い精神的外傷を負《お》っていることが知られています。

「三つ子の魂《たましい》、百まで」。アルコール依存症《いぞんしょう》や、ある種のうつ病、ドメスティック・バイオレンス、その他さまざまな大人の問題も、元をたどれば、子ども時代の、外傷体験が関《かか》わっていることが少なくないのです。

もしそういった人たちが、心を大切に育てられていたら、あるいは、成長する過程で、心のSOSに気づかれ、十分に癒《いや》されていたら、彼らとその周囲の人の人生は、随分《ずいぶん》変わっていたのではないか、と思われてなりません。

太平洋戦争によって、大変な被災《ひさい》と飢餓《きが》を経験した日本は、戦後、物質的な繁栄《はんえい》を求めて、ひたすら走り続けてきました。

子どもの不登校、引きこもりを経験した、父親がよく言われる言葉があります。

「食べることだけは、不自由させまいと、がんばってきたんです。私らは小さい頃《ころ》、毎日の食べる物がなくて、苦労してきましたから」

食べる物さえままならない生活では、幸せを云々《うんぬん》する余裕もありません。極度の貧困と飢餓《きが》の中、ごみの中から食べ物をあさる、アフガニスタンの子どもたちに比べれば、確かに、日本の子どもたちは恵まれています。かつての廃墟《はいきょ》の日本を、ここまで発展させた、先人たちの苦労に、私たちは素直に感謝する必要があるでしょう。

そして同時に、ここまで来て初めて、私たちは、本当に気づくことができたのだと思います。食べていくため、という言葉の下に、置き去りにしてきた大切なものが、たくさんあることを。

「誰《だれ》からも必要とされない貧しさは、一切れのパンの飢《う》えよりも、もっとひどい貧しさといえる」と言った人があります。

「こんなもののために生まれたんじゃない」。鬼束ちひろは歌いました（『月光』）。

虐待《ぎゃくたい》され、否定され、利用され、捨てられ、無視されたままでは、いくら物や食べ物に満たされていても、心は生きることができません。

それを何よりも鋭敏《えいびん》に映し出す、子どもの心の叫びに、率直に耳を傾《かたむ》けること。

そこから、本当の幸せとは何か、真剣《しんけん》に考える時代に、私たちは今ようやく辿《たど》り着《つ》いたのだと思います。

平成二十五年六月

明橋　大二

〈イラスト〉
太田 知子（おおた　ともこ）
昭和50年、東京都生まれ。
２児の母。
著書『子育てハッピーたいむ』①②

※本書に取り上げた事例は、プライバシー保護のため、複数の事例をもとに著者が構成したものです。

本書の執筆にあたって多大なご協力を頂いた、富山YMCAフリースクール講師・加藤愛理子氏、富山大学准教授・高山龍太郎氏、NPO法人子どもの権利支援センターぱれっと・藤田千恵氏、めぐろ子ども支援ネットワーク・宮川正文氏に深謝します。
また、本書に文章を掲載させてくれた子どもたち、本当にありがとう。

NPO法人子どもの権利支援センターぱれっと
http://npo-palette.org/

ぱれっと相談掲示板（子どもの悩みや相談を受け付けています）
http://hotsmile.u-toyama.ac.jp/

「多様な学び保障法を実現する会」
http://aejapan.org/wp/

付録　こちらからお読みください

◎緊急メッセージ◎
自分らしく、成長していけばいい
いじめにあって、自殺を考えている君へ
明橋 大二 …02

◎子どもたちを元気にする◎
みんなで、手を携えて、すべての子どもたちに愛を
「いじめ対応マニュアル」
と「それを支える考え」
射水いじめ防止プロジェクトチーム …04

＊　＊　＊

平成23年11月、富山県射水市で、市内の中学校に通う男子生徒が自殺するという痛ましいニュースがありました。そこに至るにはさまざまな要因が関係していましたが、２日前には、担任にいじめで悩んでいることを相談しており、いじめも、背景の一つにあったのではないかといわれています。

次のページには、その時に発信した緊急メッセージを掲載します。

その後、私は射水市長より、いじめ対応に関する政策アドバイザーを委嘱され、平成24年７月、学校や教育委員会のいじめ対策を支援する「射水いじめ防止プロジェクトチーム」を立ち上げました。

どうすればいじめを防止できるか、専門家メンバーと何度も討議を重ね、平成25年３月、【「いじめ対応マニュアル」と「それを支える考え」】をまとめ、射水市長に報告しました。

ここに全文を掲載いたしますので、多くの方にごらんいただき、今後の学校・地域でのいじめ対応について、少しでも参考にしていただければ幸いです。

明橋 大二

◎緊急メッセージ◎

自分らしく、成長していけばいい

いじめにあって、
自殺を考えている君へ

明橋 大二

いじめはつらい。
世界の中でひとりぼっちになった気がする。
じぶんなんか、この世にいないほうがいいと
思えてくる。
だから、死にたくなる気持ちはよく分かる。

でも、死ななくても、いじめをさける方法は
いくらでもある。

まず、周りの人に相談をして、助けを求めてほしい。
学校や家族、きっと味方になってくれる人が
いるはずだ。
味方が１人増え、２人増えていくうちに、
きっと解決の方法もみつかってくる。

それでもどうしても解決しないことも
あるかもしれない。
そんな時は、もう学校に行かない、
という方法もあるんだ。

学校は、命を犠牲にしてでも、
通わなきゃならないところでは決してない。

学校へ行かなくても、ちゃんと大人になれるし、
生きていくことはできる。

いろんな人に相談しながら、
いろんな人の助けを借りながら、
自分らしく、成長していけばいいんだ。

どうか、あなたの周りの、大切な人を、
永遠の悲しみに突き落とさないで。

あなたの命以上に、
この世で大切なものなんて、
絶対ないから！

みんなで、手を携えて、すべての子どもたちに愛を

「いじめ対応マニュアル」と「それを支える考え」

「いじめられた子といじめた子の理解と支援」

そして、

「みんなと一緒にいてよかったと思える体験活動の推進」

「人間としての規範意識の確立」

「自己肯定感の育成」

「確かな信頼関係の輪づくり」

先生へ

かつて深刻ないじめを受けた人の言葉です。聞いて下さい。


「私は、今も、あの時のことをふと思い出し、辛くなることがあります。

先生は、よく『子どもの目線で』とか『子どものために』と言うけど、その言葉を軽々しく使って欲しくありません。

その言葉は、苦しみ悩み、ぎりぎりのところでかろうじて自分を支えている子どものところに降りて、その心を理解しようとする先生だけが言える厳しい言葉なんです」

いじめている子へ

君は何に苛立っているのですか。何か悩みごとがあるのではないですか。自分でどうにもできないのなら、誰かに相談してみたらどうですか。君の力になってくれる人は必ずいます。
それをせずにいじめをしていると、誰にも相手にされないさみしい人間になるぞ。そんな人間になることを、君は望んでいるのですか。

いじめられている子へ

苦悩し恐怖するあなたには、どんな言葉も、空しく響くかも知れないけれど、聞いて欲しい。
いじめている子は、本当はとても弱いのです。実は、いじめが知られることを恐れているんです。とても勇気のいることだけど、一人で悩みを抱え込まず、誰にでもいいから、話してごらん。きっと助けてくれる人がいるよ。いじめるのも人なら、助けてくれるのも、また、人なんです。

（このマニュアルは、教職員、子ども、保護者、どなたに読んで頂いても構いません）

射水いじめ防止プロジェクトチーム

目次

「いじめ対応マニュアル」

1）いじめの発見 ……08
（1）いじめが発見されるルート
（2）基本的構え

2）いじめを受けた子への対応 ……08
（1）本人の訴え
（2）教職員の発見、周囲の人からの報告、アンケート

3）本人が語った事実の裏付け ……10

4）いじめた子への対応と親への伝え方 ……10
（1）事実の確認
（2）いじめの質の違いによる異なる二つの対応
（Ⅰ）軽い気持ちでやった場合。周囲の雰囲気で一緒にいじめてしまった場合。
（Ⅱ）わざとやっている場合。いじめを繰り返している場合。いじめが悪質な場合。

5）こんな子どもへの対応 ……12

6）謝罪後の子どもへの関わり ……13

7）警察への通報 ……13

8）いじめの根絶といじめを生まない学校づくりに向けてのチェック ……14

9）子どもたちによる主体的な活動への支援 ……14

10）ＰＴＡの主体性、そして、連携 ……15

11）地域の相談機関等との連携 ……………………………15

12）いじめを生まない信頼される学校づくりと
校長のリーダーシップ ………………………………15

13）教育委員会に求められること ……………………17

補足 1）わが子がいじめの被害者である、または、被害者ではないか、と言われた時の親の対応 ……………18

補足 2）わが子がいじめの加害者である、または、加害者ではないか、と言われた時の親の対応 ……………21

「いじめ対応マニュアルを支える考え」

1）いじめは ………………………………………………24
2）いじめによって …………………………………………24
3）いじめの構造 ……………………………………………25
4）いじめ根絶への決意 ……………………………………25
5）いじめる子をどう見る …………………………………26
6）いじめる子の心を変えるのは ……………………………27
7）いじめを生まない土壌づくりと見えないいじめを見る最も大切な要諦 ………………………………………27

「いじめ対応マニュアル」及び「いじめ対応マニュアルを支える考え」の活用について

望みたい活用の仕方 ………………………………………32

いじめ対応マニュアル

1）いじめの発見

（1）いじめが発見されるルート

① 本人の訴え

② 教職員の発見

③ 周囲の人（同級生、家族等）からの報告

④ アンケート

（2）基本的構え

①のケース → そのまましっかり聞く。

②③④のケース → 具体的な事実、自分が見た・他人から聞いた、などを確認する。

2）いじめを受けた子への対応

（1）本人の訴え

① 本人が訴えてきたということは、余程つらかったのだから、そのつらさに共感し、「つらかったんだね」「よく今まで我慢してきたね」「よく話してくれたね。ありがとう」と、今までの苦労をねぎらう。

> 決して「いじめられたお前にも原因がある」「もっと強くなれ」とは言わない。いじめられた子に罪はない。

② しっかり話を聞き、ありのままを受け入れる。

③ 「きちんと対応するから待っていてほしい」と話す。

④ その際、これからの対応については、どうして欲しいか子どもの意見を聞くと共に、必ずいじめを受けた本人の了解を得ながら進めることを伝える。

> いくら本人のためによかれと思っても、本人の了解なしに物事を進めてはならない。本人はいじめた人にもう会いたくない、話したくないと思っているのに、いきなり謝罪の場所に立ち会わされたりすると、本人の恐怖感がフラッシュバックし、それをきっかけに学校にいけなくなったりする。

（2）教職員の発見、周囲の人からの報告、アンケート

① 本人の感情に心を配る。

> 本人は、いじめられていることを認めたくないため、「あれは単なる遊び」「単なるけんか」と否認する場合がある。

② 「いじめられているんじゃないか」と聞くのではなく、「こういうことをされているんじゃないか」「こういうことをされていたね」と具体的な事実を確認する聞き方をする。

> タイマンと見えて無理矢理やらされている。「くれよ、と言っただけ」と言うが、実は無理矢理持ってこさせている。中身は一方的なものであることもある。

③ 一つ一つの事実を確認し、その上で「そんなことをされてどういう気持ちだった」と聞き、被害感情を語るようにする。

3）本人が語った事実の裏付け

① いじめた子以外で周囲にいた子に、速やかに実際の状況を聞く。

いじめた本人の言い逃れを防止し、きちんと反省させるためには絶対必要である。子どもの間で情報が伝わる前に、できるだけ迅速に行う。

4）いじめた子への対応と親への伝え方

（1）事実の確認

① いじめた本人を呼んで事実の確認をする。その際、いじめた子が複数である場合には、必ず一人ずつ別々に呼んで、あるいは別々の場所で、話を聞く。

複数同時だと、お互いにけん制しあって、ごまかしたり、ウソを言ったりする。決して一緒に話を聞かない。

② いじめの中心になる子がいれば、その子を一番最後にし、他の子の話も裏付けに用いる。

（2）いじめの質の違いによる異なる二つの対応

（Ⅰ）軽い気持ちでやった場合。周囲の雰囲気で一緒にいじめてしまった場合。

(いじめた子への対応)

① いじめの事実を認めたら、すでにこの時点で、たいてい反省している。

② 相手がいかに傷ついているか、どんなにつらい思いをしたか、自分が同じ立場だったらどういう気持ちになるか、よくよく考

えさせ、同じあやまちを繰り返さないよう促す。

> 基本的には、事実の確認と注意、相手への謝罪が考えられる。

（親への伝え方）

① 事実と本人が反省していることを伝える。

（Ⅱ）わざとやっている場合。いじめを繰り返している場合。いじめが悪質な場合。

（いじめた子への対応）

> こういう場合、たいてい、いじめた子も、どこか別のところで、逆に被害に遭っている。

① 「もしかして、君もどこかでつらい目に遭っているんじゃないか」と聞いてみる。

② もし、何かつらい被害体験を話し出したら、しっかりとその話を聞く。

③ 「それはつらかっただろう。よく我慢してきたね」と十分に共感し、「君の事情は分かった。それはそれで何とかしよう」と話す。

④ その上で、「だからと言って、そのつらい気持ちを他の子にぶつけるのは間違っているよね」「事実をみんな語って再スタートを切ろう。一歩踏み出す勇気を持とう」と語り、全ての事実の開示を促す。

⑤ その際、いじめられた子だけでなく、家族や周囲の人たちが抱く苦悩や悔しさ、悲しさなどへの理解を十分図る。

⑥ これから何をすべきかを考えさせ、行動に移すよう促す。

⑦ いじめた子やその親と共に謝罪する。

⑧ 改心し、進学等の希望を叶え、確かな人生を歩んでいる例等を示し、「支援するから一緒に頑張ろう」と励ます。

（親への伝え方）

> 家庭に何か要因がある場合は、事実をありのままに伝えなければならないが、頭ごなしに親を責めてはならない。親も、いっぱいいっぱいになっている場合が多い。そのことを理解しようとする姿勢が大切である。

① 子どもの長所を十分認めながら、親の苦労を十分ねぎらう。

② 相手の子どもが、とても傷ついた事実を語り、それについて、きちんと親子で謝罪に行くよう促す。その際、自分も一緒に謝罪することを話す。

③ そのうえで、「いじめた本人も、いろいろつらいことがあったようなので、これからはしっかり話を聞いてやってほしい。そして、今まで以上に本人を大切にしてやってほしい」と話をする。

> <親が話し合いに応じない場合>
> 関係機関等に相談する。子育て支援課、いじめ防止チームなどに何らかのつながりを持っている人がいれば、そこからアプローチをする。

5）こんな子どもへの対応

3）の段階で、周囲の子どもの言動に、明らかにいじめと思われる事実はなく、むしろ、訴えてきた子どもの敏感さが目立つ場合。自分の方が、周囲に攻撃的な言動を向けているのに、その自覚はなく、やりかえされたことだけを騒ぎ立てて、いじめられたと訴える場合。この場合は周囲の子どもたちに謝罪を強要すると、逆に、訴えてきた子がよけいに恨みを買い、孤立する場合がある。

① 周囲の謝罪は無理強いせず、まず、訴えてきた子の話を繰

り返しゆっくりと聞く。

② 友だち関係以外の場所で、いじめられたり、責められたり、叱られたり、かまってもらえなかったりした場合、その被害体験が問題なので、それをまず解決する。

> 子どもは、その被害体験を訴えることができず（自覚がなく）、そのために、友人関係の中で、その不満を表現してくる場合がある。

6）謝罪後の子どもへの関わり

① いじめた子どもの事情を十分酌んでやり、それ以上は罰しない。

② すべては子どもの心のサインだと理解して、先生、親ともどもに、いじめられた子にも、いじめた子にも、今まで以上に目をかけていく。

7）警察への通報

① いじめの内容が、暴行、恐喝、強制わいせつなどの犯罪行為に当たると思われる場合は、いじめられた本人や家族と十分話し合いをした上で、警察に通報することも考えられる。しかし、それは目的ではなく手段である。

② いじめられた子の苦悩と赦し、いじめた子のいじめの背景や改悛の情を、みんなで共有し、みんなが安心して学校生活が送れるよう支援する。警察に通報した場合も、そのような状況づくりに生かすよう十分配慮する。

8）いじめの根絶といじめを生まない学校づくりに向けてのチェック

① 子どもにとっては教育を受ける機会は一度っきりのかけがえのないもの。その大切な機会を託されているという使命感・自覚をもって、教育の全ての領域で、子ども理解と指導目標の達成、人としての生き方・在り方等の追求に努めていたか、内省する。

② 県教育委員会の「いじめ対応ハンドブック」、市教育センターや学校のいじめに対するアクションプラン等を真剣に受け止め、本気でその実践化を図っていたか、それぞれの立場から真摯に反省し、その見直しを図る。

③ その際、それらの文言を形式的に捉えるのではなく、背景にある理念や願い、考え方等にも目をやり、吟味し、子どもの心に届く実践軸の構築を図る。

④ その上で、いじめの実態等について勇気をもって開示するとともに、いじめの根絶といじめを生まない学校づくりに向けて、態勢を整え、互いに励まし合い、その実践に努める。

9）子どもたちによる主体的な活動への支援

① いじめについて学級・学年・学校全体で考える。

② いじめの背景やいじめを生み出した要因、いじめの構造、いじめによってもたらされたものなどについて話し合う。

③ 自分ができること、みんなの知恵と力を合わせて取り組めることなどについて、考えを出し合い、実践し、いじめを生まない校風づくりの推進に努める。

10）ＰＴＡの主体性、そして、連携

① 学校は、いじめが起きた時はもとより、日ごろから、子どもたちの実態、それを踏まえたいじめに対する方針や取組等について、ＰＴＡに進んで開示する。

② いじめは、学校の要因だけでなく、社会的要因や家庭的要因等に起因している。ＰＴＡは、そのことを念頭に入れながら、開示された情報を、親の立場から主体性をもって吟味し、家庭や学校に対して、いじめに対する提言や活動等を積極的に行う。

③ その際、提言や活動等が、学校の取組等と相乗効果を生み出すよう、ＰＴＡと学校が、意思の疎通を十分図り、それぞれの活動等を支援し合う。

11）地域の相談機関等との連携

① いじめは、小手先の知識やスキルだけでは解決しない。

② 地域には、子どものメンタルヘルスに取り組んでいる専門家や相談機関等がある。
その人の経験や知恵に学びながら、時には継続的に連携しながら、子ども理解と心のケア、共感を広げる関係づくりの推進に努める。

12）いじめを生まない信頼される学校づくりと校長のリーダーシップ

① いじめのみならず生徒指導等における校長の果たす役割は極めて大きい。不断に学校経営に対する構えや実践等について自ら検証する姿勢が求められている。

② 校長自らが、子どもの力を信じ、子どもの主体性を重視した学校改革、学級の実態、先生の指導力等を踏まえた機能的な分掌・組織等の工夫について大胆に提案する。

③ 自らが、学年や学級の支援者として汗をかく気概をもって、学級経営等にも心を配るとともに、先生方との対話に心掛け、先生理解に努める。

④ その際、子どもや先生方のよさを認め励まし、改革の志気を高めるよう配意する。

⑤ 学校に「厳しさ＝禁止」という思い込みがないか。それが学校に閉塞感を生み出し、いじめや生徒指導上の問題を逆に助長していないか。気を配る。

⑥ カウンセリング指導員やスクールカウンセラーなどが配置されるようになって、担任が自分で子どもに関わることを避け、すぐにそれらの人に任せてしまう傾向がみられないか。

⑦ 担任等が自己研鑽に努めるよう支援し、教育の専門家としての自覚をもって、心の専門家であるスクールカウンセラーなどに向き合うようにする。

⑧ ケース会議やチームによる支援は、子ども理解と支援にはとても有効である。しかし、そのためには、それぞれが主体性をもって臨んでいるか、機動力を発揮しているか、常に検証する。

⑨ 校長は、子どもたちは学校にどんな思いを抱いているか、子どもたちの声が自分に届いているか、常に、振り返ることが大切である。

⑩ とりわけ、不幸少年・少女らとは、日頃からかかわり、彼らは、何を考え、何に悩み、何を求めているかなどについて理解し、支援の手を差し伸べる。

⑪ 校長は、いろいろな機会に、ＰＴＡや地域に学校の実情や改革の情報等を発信し、信頼される学校づくりに努める。

⑫ 親や先生の人間観、教育指導観、価値観、幸せの物差しなどは、それぞれ異なる。それは、教育の困難さをもたらす要因で

もある。しかし、それを束ね、信頼される学校をつくるためには、校長のリーダーシップが求められる。

⑬　そのために、問われるべきは、まず校長の使命感、子ども観、それに基づく教育指導観、改革のビジョン、そして行動力である。

13）教育委員会に求められること

①　各学校におけるいじめの実態把握とその対策等への指導・助言、学校評価や学校を支援する取り組みなどが適切であったのか、折に触れ検証する。

②　校長会や生徒指導協議会だけでなく、地域の関係機関、地域振興会等へも積極的に働きかけ、全市あげてのいじめに対する啓発活動を推進する。

③　先生方が子どもとふれあい、子どもを理解し、楽しい学校づくりに専念できるよう、人的・予算的・時間的支援が求められている。

④　校長に、とことん学校改革ができるチャンスを与えて欲しい。校長に、長期にわたって学校経営を任せ、校長が自覚をもって、いじめを生まない学校づくりに向けて取り組み、改革の実をあげることができるよう、学校評価や校長人事等にも配慮することが大切である。

補足　1）わが子がいじめの被害者である、または、被害者ではないか、と言われた時の親の対応

わが子が「いじめられている」「いじめられているのではないか」と言われたとき、心の中を、いじめを初めて知った驚き、苦悩するわが子へのいとおしさ、いじめている子への怒り、わが子のこれからへの不安、親として気づかなかった情けなさ、等々の感情や動揺がかけめぐる。それは子を思う親としての自然な姿です。

（1）子どもと話し合う前に

①　いじめのサインと思われることがなかったか、内省する。

今までの子どもの言動や感情等に、落ち着きがなかったり、親の目を避けたり、突然声を荒げたりすることがなかったか。あるいは、持ち物や服装等に変わったところがなかったか。それは、いつ頃からか。振り返る。

②　心の構えをつくる。

「親としてわが子を必ず守る。いじめを解決する力になる」「生き方はいろいろある。最悪の場合、無理して学校に行かなくてもよい」「学校の外にもいろいろな生活の場がある。自分に何か打ち込めるものをもつとよい」など、親としての心の構えをつくる。

（2）子どもといじめの事実などについて話し合う。

①　いじめられていると聞いたこと、その時の親の気持ち、親の心の構えなどについて、子どもに話す。

②　子どもの心情に配慮しながら、被害の事実があるのか。ある

とすれば、どんなことを、いつからされるようになったのか。それに対して、どのように対処してきたのか。その時の気持ち、などについて聞く。

揺れる子どもの心に十分配慮し、性急に返答を求めない。子どもなりに心を整理し、語れるよう、傾聴・受容の姿勢を大切にする。

（3）事実の認否による異なる二つの対応

(Ⅰ) いじめの事実を否定したとき

① 「いじめがあったら、親として必ず力になるから、一人で悩まず、親に話して欲しい」と話す。

② それ以後、子どもの言動や感情表現、持ち物等に気配りをする。

③ どうしても心配ならば、子どもに知られずに、担任と話す機会を持つのもよい。その際、今までの経緯と親の思いについて話すとともに、わが子へのいじめの有無、いじめについての担任の考えや学校としての対応等について聞く。

④ 学校として、今まで以上に子どもを見守り、いじめがあれば適切に対処してほしいこと、親の方にも必ず連絡を入れて欲しいこと、などについてお願いする。

(Ⅱ) いじめの事実を語った時

① 「いじめの事実をよく語ってくれたね。辛かったろう。これからは、親としていじめが解決するようしっかりと行動する。安心して欲しい」と話す。

決して「いじめられたお前にも原因がある」「もっと強くなれ」とは言わない。いじめられた子に罪はない。

② 親としての心の構えを語るとともに、子どもの考えもしっか

り聞き、これからのことについて、話し合う。

③　学校に足を運び、いじめの事実、子どもと話し合った内容等について話す。わが子へのいじめに対する学校の認識と今までの対応、今後の対策などについて聞く。

④　子どもの心情や子どもへの危害等にも十分配慮して、いじめについて、学校としてしっかりと対応してほしいこと、対処後の進捗状況等について親の方に必ず連絡をしてほしいこと、などについて話す。

⑤　学校から帰宅後、学校での話し合いの内容等についてみんなで話し合う。

⑥「これからは、どんな些細なことでも、一人で悩まず話して欲しい。あなたは親にとってかけがえのない大切な子どもなんだ。あなたの悲しみは親の悲しみ。あなたの喜びは親の喜びなんだよ」など、親の思いを子どもに伝える。

（4）以後、子どもの表情やしぐさ、立ち居振る舞いなどに気配りをするとともに、子どもとの継続的な対話に心掛ける。

（5）親として感じている子どものよさをさりげなく伝え、子どもの自己肯定感を高めるよう支援する。

　いじめを受けた心の傷は容易に癒されない。不正を許さずいじめに対して毅然と構え行動する親の態度、子どもへのいたわりや優しさ、子どもを認め励ます温かいエールなどが、子どもにとっての大きな治癒力となる。まさに親の出番なのである。

補足　2）わが子がいじめの加害者である、または、加害者ではないか、と言われた時の親の対応

わが子がいじめをするだろうか。まさか。自分の子に限ってそんなことはないだろう。驚きと防衛の心が働く。しかし、その半面、もしそうなら、どうしていじめなんかしたんだろう。一刻も早くいじめられている子やその親に謝罪しなくては、という思いも生まれる。

（1）子どもと話し合う前に

① わが子がいじめをしていると話して頂いた方に、誰に、いつ頃から、どのようなことをしたのか、くわしくその状況等について聞く。

いじめていなかったり、いじめの内容等が、事実と異なっていた場合大変なことになる。そんな思いから話すことを躊躇されることもある。

そのことについては、あなたの名前は出さず、親の責任で処理するから、知っておられることを教えて欲しいとお願いする。しかし、人伝えに、いじめをしているという言葉だけが広がっていることもある。

② 最近の子どもの言動や持ち物、親に対する言葉遣いや態度等に変わったことがなかったか。親としての子どもへのかかわり方、会話の有無等について内省する。

③ 心の構えをつくる。

子どもを信じたいが、まず、いじめの事実について子どもと率直に話し合う。もし、事実なら、親として相手の方にしっかりと謝罪する。

また、状況によっては、親の責任で、子どもが反省する

時間を十分に取り、例えば「いじめで自殺する子もいる。それまで、自殺する子は、日々どんな思いで過ごしていたか」問うなどして、いじめられている子の計り知れない苦悩と、いじめている子の罪の深さを理解させる。

　また、なぜいじめをしたのかをしっかり聞き、その解決を支援する。もし親の方にその原因があるのなら自らを戒める。

（2）子どもといじめの事実などについて話し合う。

① いじめていると聞いたこと、その時の親の気持ち、いじめの卑劣さ、親の心の構えなどについて、子どもに話す。

② 加害の事実があるのか。あるとすれば、どんなことを、いつからしているのか。その時、どんな気持ちがしたか。仲間がいるのか。それは誰か。等について聞く。

　責任逃れ、仲間からの報復等の恐れから、正直に語らない場合も考えられる。子どもが正しい道を歩むことを願う親の強い姿勢が、それらの恐れを断ち切り、正直にいじめの事実を語らせる力になる。しっかりと子どもの眼を見て、親の思いを伝えることが大切である。

（3）事実の認否による異なる二つの対応

（Ⅰ） いじめの事実を否定した時

① 否定の言葉を受け入れつつも、いじめている子がいじめと思わなくても、いじめられている子が苦痛を感じている場合もあることを話し、何か悪さをしたことがないか聞く。

② 子どもの行為に伴う親としての責任、その取り方などについてもしっかりと語る。

③ 以後、子どもを見守るとともに、子どもと話し合う機会を多く持つようにする。

④　また、親は子に、子は親に、それぞれが互いに守るべきルールを話し合い、互いに自らを律するようにするのもよい。

親としての安心を得るために、子どもが言った「いじめてなんかいないよ」という言葉を安易に受け入れてしまう場合がある。いじめている子といじめられている子とのいじめの認識にズレがあることを心しておきたい。

(Ⅱ)　いじめの事実を語った時

①　なぜそのようなことをしたのか理由を聞く。

②　どんな理由であれいじめは相手の人権を否定することで許されない。満身の思いを込めて叱る。親の悲しさを伝える。

③　いじめられた子の気持ち、心の傷の深さを考えさせる。

④　二度と同じ過ちをしないよう決意を促す。そのために、今後どうするかを考えさせる。

⑤　学校に足を運んで、いじめの事実等を話すとともに、これからの対応等について話し合う。

⑥　親として子どもと一緒に相手の家に謝罪に行き、しっかりと詫びる。

⑦　いじめられた子や家族の苦悩、怒り、不安などを真摯に受け止め、それらの思いに応える対応について考えさせる。

⑧　いじめに向かわせたものは何か。これからどうすべきか。改めて話し合う。

親の考え方や態度、言動等が、親が気づかないうちに、子どもの心のストレスとなっている場合がある。時には、信頼できる先生や相談機関とも話し合い、親に対する子どもの思いを聞いてもらうことも考えられる。

⑨　子どもの自律を支援するとともに、子どもの努力を認め励ますようにする。

いじめ対応マニュアルを支える考え

基本の考え

「人は人によって人になる」
「みんなが当事者意識をもつ」
「苦悩する子どもを決して忘れない」

いじめられた子の心を癒し、安心感を与える。いじめた子がいじめを直視し、改心する。それはいじめに対する正しい認識をもつ人によってなされる。

1）いじめは

- □　どの子にも起こりうる。
- □　いじめには隠そうとする心が働く。
  プライド・自尊感情の破壊と屈辱感の醸成、
  明らかにすれば更なるいじめを受けるという恐怖感、
  親に心配をかけたくないという思い、等々。
- □　これらが極まったとき「自殺」へと向かう。

2）いじめによって

- □　小さないじめも、子どもによっては深刻なものとなることを心する。
- □　いじめによって受けた屈辱・心の傷は、一生心の中につきまとう。それだけに、いじめられた子の理解と支援は、決して一時的に終わってはならない。
- □　いじめによる自殺は、社会的殺人である。みんなの当事者意識が求められる。

3）いじめの構造

□　いじめは、「いじめる者」「いじめをはやす者」「いじめを見て見ぬふりをする者」によってなされる。

□　いじめは、「グループ以外の者へのいじめ」と「グループ内の者へのいじめ」等がある。

□　いじめは、自分より弱い者に対して一方的になされ、隠そうとする心や今度は自分がやられるのではという恐怖心が働くので、継続的になされ、かつ、見つけにくい。

4）いじめ根絶への決意

□　いじめに対する学校の対応への不満をよく耳にする。しかし、学校にいる子どもたちのことなので、先生になんとかしてほしいという願いもとても大きい。

□　「いじめが起きれば気づくはず」「日頃から言い聞かせているから大丈夫」等の甘い考えや慢心に注意する。その通りなら、いじめで自殺する子どもは生まれない。

□　いじめられている子にとって、安易な励ましや慰めの言葉は、反発を招くことがある。それは、苦悩し恐怖する自分を正しく理解していないことへの苛立ちの表現である。子に寄り添い、心からの理解と言葉を、いじめられている子は待っている。

□　いじめを子どもが口にするのは、何日も何日も夜も眠れぬほど悶々と苦しみ、自分で自分を支えきれないぎりぎりの限界に立ったときであることを、心する。

□　そのうえで、いじめの卑劣さや構造等に対する理解を図り、「いじめは絶対に許さない」「いじめをはやすことは、いじめることと同じだ」「いじめを知ったときいじめがあったと伝えるのは、チクリではない。人として正しい行為だ」「そのことで、いじめられた子もいじめた子も、ともに立ち直る機会を持つことができるんだ。勇気をもとう」と身体全体で訴える。

□　その際、いじめを見て見ぬふりをする者が持つ罪悪感にも配

慮する。「いじめを解決するのは大人の責任なんだ。自分ができることをすればいいんだよ」と語る。

□　遊びといじめは違う。心的苦痛や屈辱感等を伴う行為はいじめである。

□　日頃から目配りや気配りをし、みんなで連携して、確かな子ども理解に努める。落ち着きがなくなったり、人目を避けたり、苛立ちを表したりするなど、いろいろないじめのサインを見逃さない。

□　いじめについて実践しようと考えたことや立てた計画は、本気でとことんやり抜く。

□　そのような厳しさを内包した実践といじめ解決への真の勇気があればこそ、例えいじめが起きても、いじめを曖昧にすることなく直視し、適切な対応を迅速に取ることができる。

□　いじめた子が謝罪したにもかかわらず、いじめられた子が学校に出てこなかったり、いじめが再び繰り返されたりすることがある。それは、心の整理がつかなかったり、先の見通しが立てられなかったりする場合によくみられる。

5）いじめる子をどう見る

□　いじめる子を「問題児」とみるか「不幸少年・少女」とみるかで対応が根本的に異なる。

□　いじめる子は、生育過程でのいろいろな要因によってそうならざるを得なかった「不幸少年・少女」である。

□　いじめる子は、強いようで、実はとても弱い。その弱いボーダーラインを超えて開き直って強さを演じているのである。彼らと、本音で、理解しようと関われば、彼らはその心をチラッとみせる。

□　一見、人に対する信頼感、将来への希望等を捨てているように見えるが、揺れる心の中に、拒む心と求める心がある。

6）いじめる子の心を変えるのは

□　揺れる子どもの心に、なくした信頼感を取り戻すよう支援するのが教育ではないか。

□　理解なくして指導は成り立たない。いじめる子の不幸を理解せずに正しいことを言えば言うほど、彼らは荒れることがある。その姿を見て彼らに問題児という烙印を押して、排斥しようとする。それは正しい指導とはいえない。いじめる子の指導において、まず不幸を理解することが大切なのである。

□　そのうえで、いじめられた子にもいじめた子にも、かけがえのないわが子として関わる。

□　先生は、学校では子どもの親である。いじめた子が謝罪するとき、学校での親として先生も一緒に謝る。日頃から、そのような心をもって子どもに接するとき、語りかける言葉は、子どもの心を開き、動かす力となる。

□　どのいじめる子にもよりよく生きようとする心はある。そのことを信じ、労を惜しまず、とことんかかわり支援する。そんな態度と行動が何よりも求められている。

□　その際、普段の心のケアと自己肯定感の育成、将来に対する不安を払拭するための支援を重視する。

□　そうすることで、「こんな自分にも、こんなかかわり方をしてくれる人がいるんだ」「自分を理解しようとしてくれる人がいるんだ」という、人に対する信頼感を培い、自らを律する力、陶冶する力を引き出すことができる。また、いじめられた子の苦悩の声に耳を傾けられるようになる。

7）いじめを生まない土壌づくりと見えないいじめを見る最も大切な要諦

（先生・学校に望みたい基本的な構え）

□　かつていじめを受けた人の言葉です。「『子どもの目線に立つ』『子どものため』とよく先生は口にするけれど、それは、苦しんでいる子どものところに降りて、弱い子どもの心を理解しよ

うとする先生だけが言える厳しい言葉なのです」。この言葉を心にしっかり留め、子どもの理解と支援に努める。

□　気づいたときがスタートライン。人生に無駄はない。そのことを実感させるためにも、反省した子どもたちの希望を潰すような見せしめ的な対応を厳に慎む。

□　どの子も、いじめられた子やいじめた子への対応をじっと見ている。悪いことは悪いという。しかし、どんな子どもも決して見捨てない。そのような態度が、自分も過ちを犯したらこの先生なら支えてくれるという信頼感を育む。

□　いじめた子の心を理解しよう、罪を一緒に背負おうという気概があればこそ、真の対話も成り立つ。

□　人にはメンタルテンポというものがある。いじめられた子やいじめた子と話すとき、子どもの心のテンポ・ペースに配慮して、子どもの本当の気持ちを理解し、受け止めるようにする。いじめたり、いじめられたりしている子どもの心は大きく揺れている。

□　子どもを観察したり、周りの子どもの声に耳を傾けたりなどして、よりよく生きようとする小さな変化・動きを見逃さない。それを、「嬉しい」という言葉を添えて子どもに返す。そのことによって自己肯定感を育むことができる。

□　「指導力とは否定の中に肯定を見いだす力である」という言葉の意味するところは大きい。こんな自分でも認めてくれる人がいる。その人の声に子どもは耳を傾ける。

□　子どもの心を育てようとなされた斬新な提案に、できない理由を捜して反対するのではなく、できる理由を捜して賛成し、実践する姿勢がほしい。子どもたちは、できない理由とできる理由のそれぞれの背後にある不信・信の心を、敏感に感じ取る力をもっている。

□　誰もが弱さをもっている。自分では気づいていないよき自分がある。だから、みんなで声を掛け合い、支え合い、励まし合うのである。いじめのアンケートもその一端を担っている。

□　いじめを生まない土壌づくりには、子どもたちの自治能力と強い心の育成が欠かせない。その能力と心は、子どもたちの力を信じ、子どもたちの主体的な活動を重視する適切な指導のもとに育まれる。

□　子どもたちの力で学校や地域が動いた事例を紹介したり、人生においては自分のしたことはブーメランのように自分に返ってくることや校歌の示す人としての生き方・在り方等を話したりして、子どものやる気と確かな心の構えを培う。それは、いじめに対する子どもの活動を促すうえでも、とても重要である。

□　学校は、家庭における子どもの言動や変化を学校に伝えやすい環境づくりに努める。また、親の声によって子ども理解と支援が深まったことを、時期を逃さず親に伝える。

□　親の声に耳を傾け、子どもの思いや変化を親と共有し、手を携えて子どもの支援にあたることによって、親の変化を引き出すことができる。

□　今の子どもたちは身体を通して学ぶ集団体験の機会が極めて乏しい。みんなと一緒にいてよかったと思える体験的な活動を重視するとともに、人間としての生き方・在り方の指導の徹底等に努める。家庭等にも働きかける。

（親、ＰＴＡ、相談機関等、そして、学校との連携）

□　いじめを生まない環境づくりに果たす親やＰＴＡの役割は極めて大きい。

□　いわゆる「立派な親」からでも「不幸少年・少女」は生まれる。それは、過剰な期待、過干渉、相対評価によるダメ出し、競争的価値観による「勝ち負け」の強要等々による。

□　かつて「他人のものを盗むな」「うそをつくな」「弱い者いじめをするな」と日頃から人としての生き方を戒める言葉を、親から聞かされ、いつの間にかそれが日常の生活態度として子どもに身に付いていた。そんな日本のよさに学ぶことも大切である。

□　子は親の鏡。教育とは共育。その心を忘れず、親として子どもに関わる。いじめや人としての生き方・在り方・戒めなどについて親子で話し合う。できれば、家族でルールづくりをしてみんなで守る。それが子育ての基盤として大切である。そのためにも、ＰＴＡによる啓発活動及び運動が何よりも求められている。

□　学校は、年間行事計画を柔軟に受け止め、ＰＴＡのいじめに対する提案・活動を積極的に行事計画に位置づけ、支援することが求められている。そのことは、いじめに対する理解をより一層深め、取組の輪を広げるためにも大切である。

□　学校は、地域の相談機関との連携によっていじめを適切に処理した事例等に学び、相談機関から寄せられる声に真摯に応える姿勢をもっともっと大切にして欲しい。

□　地域には、学童やスポ少、塾等がある。そこでも人間関係等について気配りがなされている。必要に応じてそれらの指導者とも話し合うことが大切である。

□　地域の相談機関等も、学校と同じように、子どもたちがいじめのない楽しい学校生活を送ってくれることを切望し、自己研鑽とその支援にあたっている。心を開いた連携が求められている。

（教育委員会・射水市に求めること）

□　今日の深刻ないじめ問題は、子どもや先生等の願いに積極的に応える教育行政を求めている。

□　教育委員会は、日頃から、学校理解に努めると共に学校への指導・助言、評価等に際しては、各学校の主体性を重視し、校長等が意欲をもって学校経営等にあたれるよう心掛けてほしい。教育行政も人なり、なのだから。

□　また、校長人事等においても、校長が腰を据えて学校経営に専念できるよう、特別な場合を除いて１、２年で異動することのないようにすることが望まれる。そのために、長期的なビジ

ョンを持つことも大切である。

□　射水市には、子どもの幸せと健やかな成長を図る社会の実現を目的として制定された「射水市子ども条例」がある。これまでも射水市で施策の推進に取り組んでおられるが、学校ではどうでしょうか。ＰＴＡではどうでしょうか。自治会ではどうでしょうか。子どもの身近なところから、もう一度施策の見直しを図り、子どもが夢や希望に向かって生き生きと活動する射水市づくりへの取り組みが求められている。

□　愛知県豊田市の全小中特別支援学校で「わが家のルールづくり」運動が実施されている。家族から子へ、子から家族へ、それぞれが守って欲しいルールを提案し、その実践に努める。そのことで、家族みんなでよりよき生活を築いていこう、家族の絆を深めようとする運動である。
この運動を、教育委員会、校長会、ＰＴＡ、自治会等が連携して、射水市でも取り入れてみたらどうでしょうか。

（確かな信頼関係の輪）

□　今まで述べてきたこれらの構えを、それぞれの立場から生活のあらゆる領域で心掛けることによって、確かな信頼関係の輪がつくられていく。それが、いじめを生まない土壌づくりと見えないいじめを見る最も大切な要諦なのである。

□　「分かること」と「できること」はイコールではありません。しかし、それがイコールになるように努力する。そのような姿勢が全ての人・組織に、今、求められている。

「いじめ対応マニュアル」及び「いじめ対応マニュアルを支える考え」の活用について

望みたい活用の仕方

① 「いじめ対応マニュアル」のいじめられた子、いじめた子等への対応については、ロールプレーを取り入れ、いじめ対応の標準化を図る。

② 年度初めには、学校の実態等に応じて、特に配慮する事項・内容を洗い出し、学校としての共通実践の方針・重点事項等に活かす。

③ 「いじめ対応マニュアル」「いじめ対応マニュアルを支える考え」、「射水市子ども条例」等についての理解を深めると共に、各学校の実践に学び合う研修を、射水市教育センターの研修計画に位置づけ、連携していじめ対応にあたる。

どの子も世の光となりますように

いじめられた子、いじめた子、それぞれの家族、みんな、今このときも、苦悩の中にいます。いじめで自殺する子もいます。

私たちは、自分たちにもできることはないかと考え、プロジェクトチームを立ち上げました。

そして、苦しんでいる人たちに、一刻でも早く心の安らぎがもたらされますように。願わくば、いじめられた子も、いじめた子も、どの子も世の光となりますように。

そんな思いを込めて、このいじめ対応マニュアルをつくりました。それを支える大切な考えも付記しました。

しかし、人の心やいじめの実相等は、言葉ではとうてい語り尽くすことはできません。

子ども一人一人の生育過程や特性、家庭や地域の状況等もそれぞれに異なります。

どうか、このマニュアルを、みなさんの知恵と力で肉付けし、折々の状況等に応じて柔軟に、そして、より確かなものに作り上げていただければ幸いです。

このマニュアルが、いじめ対応に生きて働く力となることを、心より願っています。

射水いじめ防止プロジェクトチーム

このマニュアルの全文は、以下からもダウンロードできます。

「射水いじめ防止プロジェクトチーム」

http://imizuijimeboshi.at.webry.info/

心の中に、新しい風が吹いてくる

新装版

こころの道

ものの見方、
考え方ひとつで、
新しい風が
吹いてくる

木村耕一 編著

そんなきっかけを作って
くれる話を集めました。

【主な内容】

- 一日に一つ学べば、一年で三百六十五も身につく
  信玄流・学問のすすめ
- 一日、数分間の努力の差が、勝利をもたらす
  寸暇を惜しんだガーフィールド
- 気配りのできる男は、仕事もできる、と
  秀吉は見抜いた　石田三成の三献茶
- 隣に強力なライバルがいてこそ、
  向上することができる
  上杉謙信「敵に塩を送る」
- 他人のほめ言葉は、クモの巣のように軽い
  裸の王様（アンデルセン童話）

定価 本体933円＋税　四六判
224ページ　ISBN978-4-925253-59-8

心が、さみしいのは、なぜ？
温かい人間関係は、どこから？

新装版

思いやりのこころ

人はみな　ひとりでは
生きてゆけない

木村耕一 編著

歴史上のエピソード
と読者の体験談が、
大切な忘れ物を
届けてくれます。

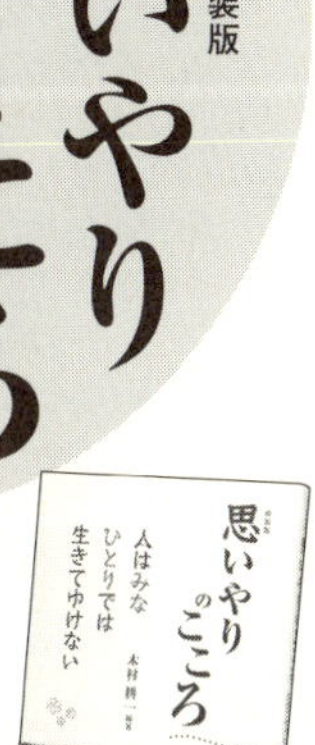

【主な内容】

- 人の失敗を見て、笑ったり、あざけったり
  しない優しさ　将軍・秀忠の居眠り
- にっこり笑うと、気持ちが和らいできます。
  周囲の人の心も明るくなります
  みなしごサーヤと給孤独長者
- 「相手が悪い」と思っているうちは、
  どんなに議論しても解決しない
  松下幸之助、伝説の熱海会談
- 『徒然草』に見る、思いやりの心
  - たとえ字が下手でも、
    手紙は自分で書くほうがいい
  - 自分のことばかりしゃべるのは
    相手を不快にさせる

定価 本体1,100円＋税　四六判
248ページ　ISBN978-4-925253-66-6

幸せのタネをまくと、幸せの花が咲く

岡本一志 著　イラスト 太田知子

「なんだかうまくいかないな……」
「どうして私がこんなめに……」
職場や家庭、学校で、悩んだり、つらく感じたりすることはありませんか。心がホッと楽になり、前向きになれるヒントが満載！

定価 本体1,200円＋税　四六判
240ページ　ISBN978-4-925253-58-1

（主な内容）

1章 運命は、これから、いくらでも変えていける
「幸せな私」になる原因と結果の法則

2章 幸せのタネをまかなければ、幸せにはなれませんよ
幸せのタネと不幸せのタネ、どこが違うの？

3章 皆から好かれる人もなく、皆から嫌われる人もない
自分に素直になれば、自分らしく生きられる

4章 無駄な苦労は一つもない。
人によって早く咲くか、
遅く咲くかの違いがあるだけ

5章 「誰も自分のことを
分かってくれない」と、
皆、苦しんでいる
相手の話を親身に聞くと、喜ばれる

6章 周りの人を思いやり、親切にすれば、
必ず、自分も大事にされる
自分のことばかり考えていると、独りぼっちになる

7章 あなたには、たくさんの、
小さな優しさや思いやりが届けられている

心をいやし、元気がわく　ショートストーリー100

新装版 光に向かって 100の花束

高森顕徹 著

定価 本体933円＋税　四六判
224ページ　ISBN978-4-925253-44-4

大切な忘れ物を
届けに来ました

人間関係、仕事の悩み、子供の教育、夫婦仲など、人生を明るくするヒントにあふれる１００のショートストーリー集です。

【主な内容】

- お嫁にいったら、毎日よい着物を着て、おいしいものを食べて、よくお化粧するのですよ
- かんしゃくの、くの字を捨てて、ただ感謝
- 悪人ばかりだとケンカにならない　一家和楽の秘訣
- 忙しい人ほど勉強できる
- 逃げ場がないから必死に戦う　数千の韓信軍、二十万を破る
- 迷うことなく自分の道を進んでゆくということは、なかなかに難しい
- 戦うばかりが男の勇気ではない　江戸城無血開城

など

大反響！

読者から感動の声続々

祖母から、野菜と一緒にダンボール箱に入れられて、この本が送られてきました。どの話から読んでも楽しむことができたし、社会に出る前に出会うことができて、よかったです。表紙も、あったかいような、優しい感じで、内容に合っているなと感じました。

（兵庫県　18歳・女性）

いろいろな悩みがありましたが、心をいやされ、元気をもらいました。
子供が悩んだり、元気がなくなったりしたら、本書を読んでもらいたいと思いました。本当にいい本に巡り会ったと感謝しています。

（熊本県　41歳・女性）

主人から花束をプレゼントされました。どこの花屋さんにも扱っていない、散ることのないステキな花束です。引き込まれるように、１００まで読んでしまいました。
なにかとストレスの多い現代人、あくせくせずに小休止をして読んでみたらいかがなものでしょう。きっと何かがつかめる本だと思います。

（北海道　49歳・女性）

『光に向かって』シリーズサイト ▸▸ http://www.hikarini.jp/

〈著者略歴〉
明橋 大二（あけはし だいじ）
昭和34年、大阪府生まれ。京都大学医学部卒業。
精神科医。真生会富山病院心療内科部長。
児童相談所嘱託医、スクールカウンセラー、
NPO法人子どもの権利支援センターぱれっと理事長。
「多様な学び保障法を実現する会」発起人。
著書『なぜ生きる』（共著）
『輝ける子』『翼ひろげる子』
『子育てハッピーアドバイス』
『10代からの子育てハッピーアドバイス』
『忙しいパパのための子育てハッピーアドバイス』
『子育てハッピーアドバイス 大好き！が伝わる ほめ方・叱り方』など。

●明橋大二ホームページ http://www.akehashi.com/

見逃さないで！ 子どもの心のSOS
思春期に がんばってる子

平成25年(2013) 6月24日 第1刷発行
平成25年(2013) 7月1日 第3刷発行

著 者 明橋 大二
発行所 株式会社 1万年堂出版
〒101-0052 東京都千代田区神田小川町2-4-5F
電話 03-3518-2126
FAX 03-3518-2127
http://www.10000nen.com/

公式メールマガジン「大切な忘れ物を届けに来ました★1万年堂通信」
上記URLから登録受付中

装幀・デザイン 遠藤 和美
印刷所 凸版印刷株式会社

 ISBN978-4-925253-67-3 C0037